Tradiciones, oficios y costumbres desaparecidos de la Sierra Norte de Guadalajara

Francisco Martín Macías

Tradiciones, oficios y costumbres desaparecidos, olvidados, perdidos, ...

Sierra Norte de Guadalajara

Según fuentes orales y escritas

Guadalajara, enero 2.022

<u>**Agradecimientos:**</u>

- *A todos los que me han precedido, investigando y escribiendo sobre tradiciones de esta tierra. Sin ellos, este libro no existiría.*

- *A quienes han sido fuentes de información y, sobre todo, de inspiración.*

- *A cuantos han depositado su confianza en el autor y han hecho posible este libro.*

- *A los lectores, para que perdonen posibles errores y olvidos*

- *A mi esposa Angelines, por su paciencia y comprensión.*

¡Gracias a tod@s!

Familia de Almiruete, año 1.905

Cortesía Alberto Gonzalez

Bañuelos
Romanillos de Atienza
Campisábalos
Somolinos
Hijes
Miedes de Atienza
Paredes de Sigüenza
Cantalojas
Ujados
Tordelrábano
Valdelcubo
Condemios de Abajo
Albendiego
Atienza
Alcolea de las Peñas
Galve de Sorbe
Cincovillas
Sienes
Prádena de Atienza
La Miñosa
Condemios de Arriba
El Ordial
Atienza (El Recuenco)
Majaelrayo
Valverde de los Arroyos
La Huerce
Bustares
Gascueña de Bornova
La Bodera
La Olmeda de Jadraque
El Cardoso de la Sierra
Arroyo de las Fraguas
Robledo de Corpes
Riofrío del Llano
Las Navas de Jadraque
Villares de Jadraque
Rebollosa de Jadraque
Santiuste
Sigüenza
El Ordial (La Nava de Jadraque)
Hiendelaencina
Zarzuela de Jadraque
Angón
Campillo de Ranas
Semillas
Pálmaces de Jadraque
Huérmeces del Cerro
Estriégana
Congostrina
Tamajón
Torremocha de Jadraque
Negredo
Viana de Jadraque
Saúca
Arroyo de las Fraguas (Santotis)
La Toba
Pinilla de Jadraque
Monasterio
San Andrés del Congosto
Cendejas de la Torre
Baides
Arbancón
Medranda
Cendejas de Enmedio
Valdesotos
Retiendas
Villaseca de Henares
Torremocha del Campo
Tortuero
Jirueque
Mandayona
Algora
N-II
La Mierla
Cogolludo
Membrillera
Matillas
Bujalaro
Castejón de Henares
Puébla de Valles
Jadraque
Torr-
Valdepeñas de la Sierra
Mirabueno
8

Índice

Tradiciones, oficios y costumbres desaparecidos

No se puede ir contra los tiempos. Los cambios tecnológicos, económicos, políticos y sociales de los ultimos 70 años han modificado el estilo y la forma de vida de este país. Han desaparecido costumbres, oficios, tradiciones, ... que ya son irrecuperables. Porque el tiempo no retrocede .

Si sumamos el fenómeno de la despoblación (la Sierra Norte perdió el 90% de sus habitantes en 20 años) y sus consecuencias (cierre de escuelas, centros comunales, bares, casas, ... la marcha de maestros, médicos, curas, ...) y el olvido de las Administraciones, la desaparición de tradiciones, oficios y costumbres fue brutal.

Dicen que la tecnologia destruye empleos pero crea otros nuevos donde se valora el talento, la creatividad, visión de futuro, ... porque estamos en la sociedad del conocimiento.

Como si en los viejos oficios no hiciesen falta experiencia, conocimientos (ancestrales, transmitidos durante generaciones), talento para optimizar los escasos recursos, ... y visión para sacar adelante la familia.

Atrás quedaron los tiempos en los que se apreciaba la destreza manual, imprescindible en las zonas rurales, donde la gente ha vivido de la agricultura y de la ganadería hasta el último tercio del siglo XX. Como en la Sierra Norte. Por eso la mayoria desaparecieron.

Algunos oficios carecen de sentido en la sociedad actual: aguador, tinajero, buhonero (vendedor ambulante de baratijas), ... Otros han sido sustituidos por tareas dentro de procesos industriales a gran escala: zurrador (que curtía pieles), aguardentero (que destilaba y vendía aguardiente), ...

Los que han mantenido su carácter artesano, lo han hecho más como recuerdo para turistas que como solución a una necesidad: botero (que hacía botillos, botas, odres o pellejos), alojero (que hacía o vendía aloja, licor hecho con agua, miel y especias), calderero (que hacía calderos de cobre), ...

Otros muchos desaparecieron, como el fabriquero, que trabajaba el carboneo. De ellos se habla en este texto porque reflejan la realidad de una época no tan lejana.

No se han incluido oficios que siguen vigentes (los relacionados con caballerías, con vides y el vino, ...) porque están bien documentados y en la Sierra Norte apenas quedan.

Asimismo se han incluido costumbres y tradiciones que sobreviven en el recuerdo de los hijos de esta tierra y que corren el riesgo de borrarse para siempre.

Aunque la poblacion serrana estaba distribuida en más de 160 núcleos de población (79 pueblos, 85 aldeas y sitios abandonados) los oficios, costumbres y tradiciones son (eran) similares con diferencias minimas.

Este texto no pretende ser un catálogo, solo una referencia a oficios, tradiciones y costumbres que dieron vida y forma a la Sierra Norte. Nuestras disculpas por no incluir todas aquellas que, por su interés, debieran estarlo.

No nos cabe duda que con la aportacion generosa de serranos y lectores podremos ir completando este libro para una nueva edición.

¡Gracias por su comprensión!

El mamador

Hasta hace unos años, los recien nacidos solo se podían alimentar de leche materna en sus primeros dias de vida. El cuerpo de la madre fabrica calostro, una leche muy rica en nutrientess y anticuerpos vitales para el bebé.

Muchas madres, por estress, mala alimentación, problemas físicos, ... tenían dificultades para que la teta empezara a brotar de sus pezones después del parto. Si no se solucionaba de forma rápida, el bebé moría en horas.

Aquellas familias que podían permitírselo buscaban con antelación un ama de cría, sana y de confianza, que hubiera dado a luz en fechas próximas al parto y que podría resolver el problema, ... si se presentaba.

Algunas veces la crianza del bebé recaía en el ama de cría porque la ”señora” renunciaba a ella voluntariamente, para no “estropear” su figura. El ama de cría ofrecia sus pezones a cambio de un dispendio y de una alimentación completa y abundante ...

Suficiente para atender, primero al bebé ajeno y luego al propio ; entre ellos y de por vida se llamaban “hemanos de leche”. El ama comía a destajo para asegurar la mamancia a su hijo. De ahi su imagen de rollizas que muestran grabados y fotos antiguas.

Las clases humildes, la inmensa mayoria de las familias serranas, buscaron otra solución. Asi surgió en algunos lugares “el mamador” (su existencia está contrastada en Puebla de Valles) si bien no resulta fácil oir hablar de ello.

El mamador era un hombre del pueblo, con buenos pulmones y habilidad para succionar con fuerza de los pezones obturados y conseguir así que la teta brotara. Solía ser el marido quien iba en su busca, y le rogaba que acudiese a su casa.

Si era otro familiar, el mamador se aseguraba de que el padre estaba conforme. Consciente de la urgencia del tema (el bebé moriría en horas) abandonaba su tarea y acudía presto. Tras unos minutos de succión, el hombre conseguía que brotase leche de los pezones de la recien parida.

Se cuenta que a veces el cura se mostraba contrario a esta práctica, tachándola de lujuriosa y de adúlteros a los intervinientes, razón por la cual poco se sabe de su existencia.

El mamador no cobraba por sus servicios. La imagen del bebe chupando de las tetas de su madre (se aseguraba que la leche manase de ambos pezones) era su mayor recompensa. El padre, agradecido le obsequiaba con algún detalle: un chorizo, una gallina, ...

En dias posteriores, si la leche era insuficiente o no alimentaba lo bastante, se buscaban otras soluciones: leche de burra o de cabra, las más parecidas a la leche humana, papillas de flor de harina de trigo (la primera de la molienda) tostada con leche, ...

La función de mamador fue muy apreciada en los pueblos serranos por lo que suponía de servicio a la Comunidad ... hasta la posguerra, cuando los curas del "nacional catolicismo" lo consideraron lujuriosa, pecaminosa y no se sabe cuantas cosas más.

A partir de entonces pasó a ser una tarea vergonzante que sus descendientes ocultaron durante más de medio siglo.

La aparición en los años 70´s de las "leches maternas de los primeros dias" hizo innecesaria esta práctica que tantas vidas salvó.

Fuente: vecinos de la Sierra Norte

¡Vamos a la escuela!

El primer documento que menciona el término "maestro" en la Sierra Norte, es una carta del obispo de Siguenza, D. Lope Diaz de Haro, fechada el 21 de octubre de 1.269. En ella se establece la aportación que debe realizar cada municipio para la "dotacion de un maestro de gramática en Atienza".

Además de su importancia histórica (para muchos pueblos serranos es la primera vez que son mencionados en las crónicas de la Historia), el documento reafirma que la educación siempre ha estado reservada a las clases pudientes y a la Iglesia.

La escuela existía en ciudades y monasterios, mientras que en las zonas rurales el papel de maestro lo asumía el cura y solo para hijos de los poderosos. Esta situación, que parece tan lejana, duró hasta mediados del siglo XVIII.

Algunos pueblos tuvieron maestro (oficio que en muchos lugares ejercia el sacristán) y escuela de primaria para todos los niños. Aunque los de clase humilde estaban pocos años, ... hasta que salían a trabajar al campo.

Cada uno pagaba lo que podía, que no era mucho (en dinero y especie). El ayuntamiento ayudaba en la medida de sus posibilidades (o de su voluntad). Según el Catastro del Marqués de la Ensenada (año 1.752) había una veintena de pueblos serranos con maestro y solo 2 eran pagados por el Concejo en su totalidad. De ahí el refrán "pasa más hambre que un maestro de escuela".

En Las Navas de Jadraque en 1.846 el sacristan recibía del Concejo 10 fanegas de centeno al año (1 fanega=41,4 Kgs). El mismo año, el sacristan de Pálmaces de Jadraque, que además ejercía de secretario del ayuntamiento, regentaba la escuela primaria con 20 alumnos. Recibía 50 fanegas de trigo al año por el servicio.

En Puebla de Valles, hacia 1.870 llegó un maestro (luego fue además inspector veterinario), procedente de Hita, que puso escuela en la Casa de la Gorda (detrás de la fuente); un rótulo sobre la puerta así lo indica.

En algún momento la escuela pasó a ser pública. Se conserva un expediente (de 1.895-1.903) donde la viuda y sus hijos solicitan la pensión que pudiera corresponderle por haber sido el cabeza de familia maestro.

En los pueblos serranos la escuela siempre fue mixta. Cuando la poblacion escaseaba en el lugar lo siguió siendo, incluso en la época más dura del franquismo.

La calidad de la enseñanza estaba condicionada por las frecuentes faltas a clase de los niños(as) por la necesidad de ayudar a la familia en las labores del campo y el cuidado del ganado. Sirva como ejemplo que en Las Navas de Jadraque, en el censo de 1.887, con 157 adultos solo sabían leer y escribir 27 hombres y 6 mujeres.

Su escuela, un edificio típico la Arquitectura Dorada del siglo XIX, se ha reconstruido fielmente. De dos plantas, abajo la escuela y arriba la casa de la maestra. Hoy es un museo etnográfico donde se muestran objetos de la vida cotidiana del pueblo.

En 1.901, el conde de Romanones, prototipo de cacique del siglo XX, incorporó a los maestros como funcionarios del Estado. Su sueldo salía del presupuesto estatal y estableció las bases para la escuela pública.

La enseñanza competía al maestro(a) bajo la supervisión del párroco. Cada ayuntamiento debía proporcionar un local adecuado para la escuela y ocuparse de su mantenimiento. Una estatua en la Plaza de Santo Domingo de Guadalajara agradece el hecho.

En Puebla de Valles la escuela (mixta) estuvo en la antigua casa de la villa (donde hoy está el consultorio médico). Al quedarse pequeña, en 1.932 se construyó la nueva escuela (bajo el bar del Calicanto) y allí se trasladaron. Durante el periodo republicano se construyeron nuevas escuelas en muchos pueblos serranos: La Mierla, Cogolludo, ...

Con el franquismo se produjo la separación por sexos en las escuelas, salvo en aquellos pueblos pequeños donde, por la escasez de alumnos, no se justificaba que hubiese maestro y maestra. En estos lugares la economía venció al "nacional catolicismo".

Alumnos de la escuela de Puebla de Valles, año 1.910
Cortesía Manuel Sanz iruela

En Puebla de Valles, las niñas volvieron a la casa de la villa mientras los niños siguieron en el Calicanto Los mayores aún recuerdan el frío que pasaban en invierno, a pesar de cada chiquillo (a) llevaba de casa una lata con ascuas que se ponía entre los piés. Una costumbre habitual en las escuelas serrana de la época.

Las escuelas estuvieron activas hasta finales de los años 60´s cuando la despoblación y el escaso interés del Estado por la educación en el mundo rural cerraron casi todas.

Los niños (as) pasaron a un internado de Guadalajara en el Paseo de las Cruces hasta acabar la educación básica (también cerró años después). Ahora es residencia de estudiantes.

Hoy solo hay escuela de primaria en Condemios de Arriba, Atienza, Cantalojas, Cogolludo, Jadraque y Sigüenza.Hace 2 años se cerraron las escuelas de Campillo de Ranas y Galve de Sorbe. Sin niños y sin escuela, la alegria ha desaparecido de las calles de la Sierra Norte.

Escuela años 60, cortesía Javier Cerrada

En el resto de pueblos serranos donde residen niños (se pueden contar con los dedos de una mano y sobran varios dedos) deben desplazarse hasta 40 kms para acudir a la escuela. Otras familias con niños han optado por marcharse del pueblo. La Sierra Norte de Guadalajara, además de vaciada, está triste.

Cestillos de costura

Hasta bien entrado el siglo XIX, la separación por sexos en el aprendizaje fue una constante en este país. La Sierra Norte no fue una excepción. A los niños el padre les enseñaba a labrar los campos y a cuidar el ganado. A las niñas de madre le enseñaba "sus labores", entre las que figuraban tejer y coser.

Durante los duros dias de invierno, cuando el sol calentaba algo, la costura era una excusa perfecta para que las mujeres se reunieran para hablar de sus cosas (como en el lavadero o en la fuente).

Cada una acudía con las prendas a coser y/o surcir y su cestillo de costura. La plaza del Rincón, resguardada de los vientos, era el lugar preferido en Puebla de Valles.

Los cestillos los hacían las propias mujeres de mozas, con mimo y adornos ya que formaba parte de su ajuar; cada uno era diferente y decia mucho de su dueña. Algunos eran auténticas obras de arte. Se hacían de paja de trigo y su confección llegó a enseñarse en la escuela durante la República.

En verano se cogían los tallos más largos de las eras y se guardaban en lugar seco. Cuando llegaba el otoño, aprovechando que las noches eran más largas, se comenzaba a tejer para que el cesto estuviera listo para el invierno.

Se mojaban los tallos y se machacaban para aplanarlos. Luego se trenzaban sobre un armazón de mimbre, oculto por el forro del interior (de tela fina) o el trenzado. Terminado el cestillo, se adornaba con motivos florales o geométricos.

Los había de diferentes tamaños y formas: redondeados, cuadrados, rectangulares, ... Con tapa, con y sin asa en el centro, ...

Aunque se conservan algunos, el arte de crearlos se perdió para siempre con la guerra.

¡Hoy toca lavar!

Hasta bien entrados los años setenta, las mujeres de la Sierra Norte lavaban la ropa a mano, acudiendo a lavaderos comunes (normalmente techados), remansos de los ríos (Jarama, Sorbe, Bornova, Cañamares, ...) próximos al pueblo, fuentes, ...

Donde no los había, se utilizaban arroyos y/o se construyeron lavaderos, aprovechando una fuente cercana (algunos muy bellos). En Retiendas se dieron ambas situaciones.

El lavadero era lugar de encuentro de mozas y casadas, vedado a los hombres. Allí se compartían noticias, y chanzas, se hablaba de lo humano y de lo divino, se criticaba todo y a todos, se estrechaban relaciones, ...

Un espacio de libertad al que las mujeres procuraban ir cuando lo hacían sus amigas. Aunque a veces elegían el día propicio para averiguar aquello que les interesaba.

Cortesia de Javier Cerrada

Asi lavar la ropa servía a las mujeres de terapia de grupo, ... al igual que la molienda cumplía el mismo cometido con los hombres. ¡Lo que se ahorraban nuestros antepasados en psicólogos!

Trabajaban muy duro: entre bajar la ropa sucia de casa, lavar con agua fría, restregarla sobre la piedra o tabla canalada de madera, tenderla a secar y subirla, se les iba el día. Llevaban de casa jabón, cenizas (para quitar la grasa), el azulillo, el barreño, ... y muchas ganas de socializar con amigas y vecinas.

El jabon se hacía con los recortes de grasas, sebo y cortezas. Se ponían en un barreño al fuego, removiendo sin cesar hasta que todo se volvía liquido.

Cortesía de Javier Cerrada

Luego se añadía sosa caústica y se continuaba removiendo hasta que la mezcla era homogénea. Se dejaba enfriar y, ya solidificada, se cortaba en trozos.

Con las cenizas se hacían "clarillas" en el barreño: agua con cenizas disueltas donde se ponía en remojo la ropa más sucia. De esta manera de grasa se desprendía del tejido y era más fácil lavarla. La ropa blanca se enjuagaban en un barreño con azulillo y luego se tendía al sol para blanquearla. Cada lugar tenía su lavadero :

- En Puebla de Valles las mozas preferían lavar en el Arroyo del Lugar ... o en el Jarama, dependía de donde hubieran quedado con sus amigas. Las aguas del arroyo bajaban muchas veces rojizas (por la arcilla), por lo que las madres les insistían para que bajasen a lavar al Jarama. A veces ese paseo de 30 minutos servía para que algún mozo galanteara a su pretendida.

- En Beleña de Sorbe, las mujeres bajaban al Sorbe en verano y a la fuente de Doña Urraca en invierno, porque el agua era más templada.

- En los dias más duros del invierno, se utilizaban mazas y/o caballerías para romper el hielo y se encendía una hoguera, donde siempre había un barreño de agua caliente. Las mujeres lo utilizaban para sumergir las manos y así paliar el frío, aunque no evitaban los sabañones.

- Si el lavadero estaba alejado de la casa, un chiquejo/el marido bajaban y subían la ropa en caballería.

- Los vecinos de Tortuero hicieron una reguera que llevaba el agua del arroyo Concha a los huertos. Cruzaba por mitad del pueblo y las mujeres la usaban para lavar.

- En Almiruete, el arroyo que pasa por el pueblo, se desvió y canalizó para servir de lavadero.

- Se conservan maravillosos lavaderos de pizarra en El Espinar y Campillo de Ranas (restaurado)

- Roblelacasa tiene lavaderos individuales de pizarra; cada uno tiene 2-3 cubetas comunicadas entre sí por un canal.

Muchos pueblos serranos han restaurado el lavadero, pero en algunos caso, la falta de uso los ha deteriorado con rapidez. Se les pudo dar otra función ... pero no se hizo.

La tecnologia acabó con esta dura tarea, exclusiva de las mujeres. Con ella desapareció la terapia que tanto bien hizo a las serranas.

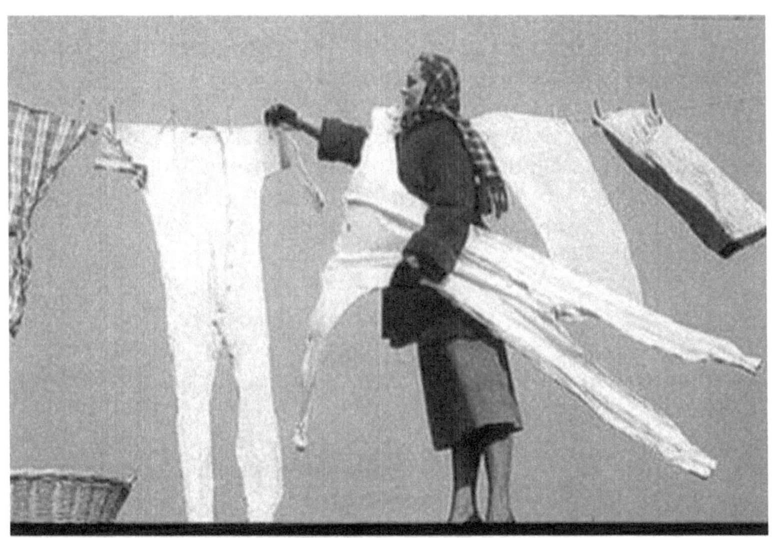

Recogiendo ropa, Alpedrete de la Sierra,
sin datar, anónimo

La caña de la chimenea

En la Sierra Norte de Guadalajara la cocina ha sido siempre la estancia más importante y amplia de de casa. Durante el invierno de vida giraba en torno a la chimenea, ubicada en el centro de la cocina y pegada al testero más alejado de la puerta.

Durante los días de frío siempre estaba encendida. Poco antes de irse a dormir, se metía un buen tronco de encina ó de roble que duraba toda la noche y conservaba las ascuas hasta la mañana siguiente. En algunos lugares (pueblos negros), el horno familiar estaba anexo a la cocina para aprovechar el calor.

Cuando el frío apretaba en exceso, en algunas casas la cocina servía de dormitorio, ya que era la única habitación caliente. Se cuenta que a veces, unas tinajas en horizontal, donde se había metido paja a modo de colchón y situadas no muy lejos del fuego, servían de cama para los niños.

Sobre la chimenea una enorme campana cuadrada, a media altura (1,20-1,50 mts del suelo) para recoger los humos y de cuyo centro colgaba una cadena con gancho, para poner el puchero sobre el fuego.

En el interior de la campana varales a diferente altura para colgar chorizos, morcillas y otros productos de la matanza (morcón de morcilla, güeña, ...) que ahi se ahumaban.

Por fuera y alrededor de la campana había repisas (basares) forradas con papel calado o mantelillos de hilo (según la economia de la familia), con adornos colgando del borde. Sobre ellos se colocaban los mejores vasos y platos (se utilizaban cuando había visita) y los enseres de la cocina, además del farol y el candil.

El resto del año se usaban cazuelas (cuando no se comía directamente del puchero ó de la sartén) y jarrillos de barro, que solían estar en una repisa sobre la mesa tocinera.

A los lados unos poyetes, de fábrica o de madera, donde se sentaba la familia para calentarse. El lado opuesto al testero se dejaba libre, como acceso al puchero y luego se cerraba con sillas.

Este lugar era el centro de reunión después de la cena y donde los abuelos(as) contaban anécdotas, historias, cuentos y leyendas antiguos que los niños escuchaban ensimismados ... hasta la hora de irse a dormir.

Mientras se asaban bellotas, castañas, patatas, manzanas, ... en las brasas con una vieja sarten, a la que se le habían hecho agujeros para que pasase el calor, sobre unas buenas brasas. Un chiquejo con las tenazas se ocupaba de atizar el fuego, remover los asados y del reparto. En caso de conflicto, intervenían los adultos.

Asi de forma amena, los abuelos transmitían a los niños valores, modos y comportamientos sociales, donde se condensaban el saber de la comunidad. El calor de las palabras, el cariño y la cercanía de los abuelos en un entorno tan entrañable han hecho que estas historias recorran siglos de tradición serrana.

En un rincón de la chimenea, alejado del fuego, estaban las trébedes, parrilla, tenazas y otros útiles, como la caña.

La leña utilizada era dura (encina, roble,quejigo, melojo, olivo, tornalobo, jara,...) que da buen rendimiento pero difícil de prender; para ello se requería maña. Una caña de sauco, de unos 40 cms, servía para soplar sobre las primeras ascuas y avivar el fuego, actuando como fuelle.

La modernidad y el progreso han eliminado la mayoria de las chimeneas de los hogares serranos. Y las que se conservan, han perdido funcionalidades y útiles ... porque ya no son precisos.

Pero nosotros nos acordamos de la caña de la chimenea.

Cocina tradicional

Además de los escabeches de peces, productos de matanza, animales de corral, calderetas y asados, la Sierra Norte siempre se apoyó en la caza menor para aumentar la despensa y así aliviar la economia familiar.

Las piezas cobradas se conservaban en escabeche (perdices, codornices, torcaces, mirlas,...) y/o aceite (pajarillos de todo tipo). También se tomaban estofadas y/o en guisos de judías (al igual que conejos y liebres), pero solo en ocasiones especiales.

Pucheros de matanza, cocidos, migas, gachas, judías y patatas guisadas (a partir del siglo XVIII) formaban parte de la dieta cotidiana de nuestros antepasados.

En cada lugar y en cada situación, la familia preparaba estos platos con lo que habia en la despensa. De ahi su variedad; hoy son un exponente de nuestra gastronomía.

Productos silvestres en tortilla, guiso y/o revueltos, tales como cardillos, pucharacas (espinacas), collejas, espárragos trigueros, sarceros, mocosos ... además de setas (de cardo, boletus, níscalos, colmenillas, capirotes, de chopo, ...) servían para variar el menú.

Verduras del huerto y vino (tintos y blancos) acompañaban estos platos. Antaño lo hacían también licores hoy desparecidos (vino de nueces, aguamiel, licor de guinda, ...) y una variada gama de frutas y postres (nueces con miel, mantecadas, puches, compotas, membrillo, ...).

Hoy son fundamentales en nuestra gastronomía, pero la mayoría han desaparecido. Por la despoblación y el paso del tiempo.

Guisos típicos

Puchero de matanza: este plato era la comida habitual al mediodía; cada lugar, cada familia lo hacía a su manera ...y con lo que había en casa en ese momento. Hoy ha dejado de serlo.

- Ingredientes habituales: garbanzos, judías, chorizo, panceta, patata, zanahoria, puerro, calabaza, repollo, ajos, cebolla, harina y pimentón.

- Se ponen a cocer en un puchero los garbanzos con el chorizo y la panceta; a media cocción se le añaden las judías. Aparte se hace un refrito con la cebolla, ajos, harina y pimentón. Cuando las legumbres están tiernas, se añaden las verduras y el refrito, y se deja a fuego lento unos minutos.

Chanfaina:
Por este nombre se conocen varios guisos que tienen como ingrediente principal los bofes, hígados y riñones de cordero ó cabrito. En Puebla de Valles se guisaban con patatas y huevos duros. Lo preparaban los hombres para celebrar su día, con abundante vino y sin mujeres.

- Se fríen con aceite de oliva unos dientes de ajo y una rebanada de pan, que se reservan. La carne en trozos pequeños se sofríen en la sartén con esta grasilla.

  En un mortero se maja lo reservado con un puñado de almendras, pimiento asado y perejil con un vaso de vino blanco. Se incorpora al sofrito y se añaden hierbas aromáticas y agua; sal al gusto y se deja hacer hasta que esté a punto.

Patatas desnudas (en calzoncillos):
Si bien la patata llegó de América en el siglo XVI, fue considerada comida para cerdos hasta que la escasez de cereales por la sequía provocó grandes hambrunas. A partir de entonces la patata se convirtió en alimento imprescindible para las clases humildes.

Se cree que llegó a esta tierra en el siglo XVIII y hoy forma parte de la cocina serrana. Se prepara de múltiples formas, quizás la menos conocida sea esta. Su origen no está claro, aunque tiene cierta similitud con "las patatas con hunto" gallegas.

Cuando los hombres se iban en cuadrilla al campo (a sembrar, segar, ...) las mujeres madrugaban y les preparaban este plato, que a media mañana tomaban frío, como almuerzo.

Se les llama "en calzoncillos" porque iban "sin vestir" (no llevaban carne). Un plato humilde y típico de los pueblos sureños de la Sierra, que está desaparecido.

- Ingredientes: patatas, agua, sal y manteca de cerdo algo rancia (similar al hunto gallego).

- Las patatas peladas y troceadas se ponen a cocer con agua, sal y manteca de cerdo el tiempo suficiente hasta que estén tiernas y el caldo espeso. Se toman frías o calientes.

Tortilla de verduras silvestres

Cada familia tenía para su sustento gallinas en el corral. Esto y la abundancia de productos silvestres. han originado infinidad de recetas de tortillas variadas en la Sierra.

Cortesia Javier Cerrada

Según el tipo de verdura, antes de pasarlas por la sartén con los huevos batidos, requieren un tratamiento diferente.

- Los cardillos, collejas y pucharacas (espinacas silvestres) han de hervirse con agua y escurrir bien.

- Trigueros, mocosos, sarceros, ... han de pasarse por la sartén para dejarlos tiernas.

- Algunos resultan poco apetecibles si no se combinan con la patata (tortilla al gusto), como capirotes y colmenillas.

Todas estas verduras combinan bien, entre ellas y con patatas, incluso mezclándolas.

Asados y fritos

<u>Ajomoro</u> :
En la matanza del cerdo también se sacrificaba una machorra (cabra/oveja estéril) para mezclar su carne con la del cerdo y así obtener más chorizos. Era ocasión propicia para hacer ajomoro con las costillas del animal sacrificado. Así se preparaba en varios lugares de la Sierra.

- Ingredientes: costillas de cabra (oveja), agua, aceite de oliva, ajo, laurel, sal y pimentón.

- Se cuecen las costillas con ajo, sal y una hoja de laurel hasta que se pongan tiernas. Se fríen ajos y pimentón en aceite de oliva. Luego se echan en la sartén las costillas con el caldo y se deja en el fuego hasta que se espese la salsa.

<u>Cabrito al adobo serrano</u>
- Ingredientes: carne de cabrito (lechal o recental), vino, agua, ajos, vinagre, laurel, perejil, tomillo, orégano, pimienta, canela, clavos, sal y aceite de oliva.

- Se prepara un caldo con las especias, ajos machacados, laurel, sal y el vino; vinagre y agua en la misma proporción.

Se hierve media hora y se deja enfriar del todo (ya está el adobo).

- La carne se corta en tajadas medianas y se ponen a macerar 24 horas en el adobo.

- Luego se escurre bien la carne y se fríe en sartén con aceite de oliva. Cuando está dorada se pasa a cacerola de barro, donde se añade aceite y adobo suficiente para cubrir las tajadas.

- Y se pone a cocer hasta que la carne esté tierna con sal al gusto. Se pueden añadir unas patatas, en trozos no muy grandes, para "engordar" el caldo.

De postre

Miel con nueces :
Un postre exquisito solo apto para paladares muy exigentes. Máxime si miel y nueces son autóctonas. Su preparación tiene algunos secretos

Lo primero es sacar el fruto (migollo) entero de la nuez, para lo cual hay una técnica tradicional, como explica un joven de 91 años en una hoja manuscrita. A partir de aquí hay dos variantes:

- Los migollos se guardan tal cual en un bote de cristal, de cuello ancho. A la hora del postre, se sacan y se riegan con miel, a gusto del consumidor.

- Miel y nueces se mezclan antes de guardarlos en el bote. Para ello se echan los migollos hasta la mitad y luego se añade la miel hasta llenarlo. Si la mezcla está demasiado clara (depende del apriete), se añaden más nueces.

En la segunda opción, las nueces están más caramelizadas. En ambos casos, tomada sola ó como guarnición de otros postres (flan, cuajda, queso fresco, ...), resulta deliciosa.

Cortesía Pablo Martín

<u>Aguamiel</u>:
Típico del dia de Todos los Santos y de Difuntos, desaparecido con la despoblación y el uso de medios mecánicos para extraer la miel. Se conserva su memoria en Valdesotos y Valdepeñas.

La última cata de miel (extracción de la colmena) se realizaba en la segunda quincena de octubre (la primera a finales de junio). Los panales se partían en trozos pequeños que se ponían para escurrir la miel, que se recogía limpia en un cuenco.

Los trozos de panal (de cera) quedaban pegajosos y era preciso limpiarlos para su venta, por lo que se lavaban en agua fría y se les daba forma de bola.

A este agua endulzada se le añadían unos granos de anís y se le echaban trozos pequeños de calabaza (cidra); luego se ponía a la lumbre hasta que la calabaza quedase tierna y el agua caramelizada. Así se obtenía el aguamiel, que se servía frío.

Es parecido al arrope de la Alcarria, la meloja andaluza y/o el aguamiel valenciano.

Vino de nueces

El solsticio de verano (el día más largo y la noche más corta del año) tiene connotaciones mágicas y festivas en el mundo rural.

Esta fecha marcaba el comienzo de la siega así como la ejecución de tareas que solo podían realizarse el día de San Juan: la recogida de manzanilla silvestre, el vino de nueces, ...

Este vino se hacía de forma artesanal en muchos lugares de de Transierra. En Puebla de Valles era una tarea que se compartía con otros familiares.

Ingredientes: 24 nueces verdes del tiempo, 1 arroba de vino tinto de la tierra (16 litros), 1 litro de aguardiente seco y una pizca de hierbas aromáticas (el condimento secreto de la receta).

- Se machacaban las nueces (sin cáscara) en un mortero, hasta que se convertían en una pasta fina y uniforme.

- Luego se echaba en una tinaja con el vino y el aguardiente, removiéndola hasta que se disolvía completamente.

- Se dejaba reposar 40 días y ya estaba listo para beber.

Unos dicen que su sabor dulce recordaba al pacharán, otros que a la mistela. La tradición se perdió con la despoblación, aunque no la receta, que hoy compartimos.

Fuente: Mary Paz Alonso, Pablo Martin, vecinos de la Sierra

Pan prestado

Leyes no escritas del comercio dicen que un alimento perecedero no se presta. Pero en Puebla de Valles y otros pueblos serranos, que no sabían de comercio, se estuvo prestando el pan hasta los años 70´s.

Se desconoce el origen de la costumbre, sin duda ligada al esfuerzo que suponía hacer pan, el alimento principal de la familia y a que se endurece a los 3 días. Asi se hacia en Puebla de Valles.

Cada 15 días, la familia acudía al molino de la Huelga (llamado también de la Tía Avelina, junto al Jarama) con un saco de trigo (41 kilos) y volvía con 29 kilos de harina, tras pagar la maquila (10%) y dejar el salvado. Con esta harina hacían una hornada de 29 panes de 1 kilo (hogazas).

Muchas casas tenían horno propio, pero las más humildes acudían al horno comunal (hasta tres hubo en Puebla, uno en el callejón de la Regadera; los restos de otro está detrás de la Casa de la Gorda).

El día anterior, las mujeres de la casa difundían la noticia en la fuente, la plaza, el lavadero, … y así llegaba a todo el pueblo. Hecha la hornada, la familia hacía tres partes y en este orden:

- Panes para el consumo familiar durante 3 días
- Devolución de los panes prestados
- El resto de panes se ofrecía en préstamo

Por la tarde familiares y vecinas acudían para pedir panes en préstamo. Al final del día, más de la mitad del pan recién hecho había desaparecido y sólo quedaba en la casa para tres días. Cuando se acababa el pan propio, se tomaba del cobrado ó del prestado. Así se comía pan tierno todos los días.

La elección de casas a las que se prestaba pan (aparte de los compromisos familiares) no era casual: la higiene, que hubiera mozos/mozas (amasaban mejor), … eran factores determinantes.

Una costumbre peculiar, con la que terminó la despoblación y el progreso.

Faroles y candiles

Los serranos se alumbraban con velas, cabos de sebo, candiles y faroles hasta bien entrado el siglo XX. Algunos pueblos fueron abandonados antes de que llegara la electricidad a sus casas (La Vereda, Las Cabezadas, ...)

Las velas se hacían con cera virgen obtenida de las colmenas, y los cabos con la grasa de oveja situada alrededor del lomo y los riñones. Mientras que la cera admitía diferentes formas y tamaño, el cabo tenía que ser achatado y grueso. La familia prefería la vela, por el mal olor y mucho humo que desprendia el cabo.

Los pueblos de la Transierra (la Sierra más meridional) se alumbraban con candiles de aceite, mientras que en la Arquitectura Negra lo hacían con sebo (en estos lugares el aceite era un artículo de lujo; por eso decían que los pueblos del sur eran ricos).

El funcionamiento del candil era muy simple: un algodón trenzado y liado en forma de cuerda, se colocaba en un hoyuelo con aceite, con un extremo dentro y el otro fuera, al que se prendía fuego. El calor hacia fluir el aceite hacia la llama y la mantenia viva.

La llama consumía el aceite y proporcionaba luz durante horas. Luego bastaba con rellenarlo de nuevo con aceite. Se solían colgar en alto para que iluminara toda la habitación y no ahumara a los presentes.

Se cuenta que en Puebla de Valles había en los años 30´s un chiquejo especializado en mojar, a hurtadillas, un mendrugo de pan duro en el candil de la taberna del Tio Canas (situada en las casas de anteceden al pùente)

El pan, duro y seco, absorvía rápidamente el aceite, dejando el local a oscuras en unos minutos. Todos sabían quien era, pero nunca le cogieron.

En el exterior se usaban faroles, candiles de mano rodeados por un cristal que protegía la llama del viento. La imaginación ha creado una variedad infinita de candiles y faroles de singular belleza.

Al anochecer, las calles quedaban a oscuras y daban lugar a anécdotas como esta:

Candiles serranos, cortesia Manuel Sanz Iruela

"Dos hermanos, mozo y moza, ya talluditos, coexistían más que convivían en la misma casa. Una noche cerrada el hombre tropezó de frente con su hermana en la calle. A resultas del golpe, el mozo amaneció con el ojo morado y ella con un buen chichón.

La una comentó que se dió con una olla de la cocina y el otro dijo que se golpeó con una puerta. Desde entonces se les conoció como *"cabezas de hierro"*.

Los faroles permanecieron hasta la llegada de la electricidad (que no se produjo al mismo tiempo en todos los pueblos) y el uso común de las linternas. Pero el candil siguió un camino diferente.

Como el aceite desprendía humo negro y un olor poco agradable, a finales del siglo XIX, algunos empezaron a sustituirlo por el carburo. Era una especie de candil con dos cavidades: en la inferior se ponían piedras de carburo (de calcio) de la droguería y en la superior agua.

Las gotas de agua caían sobre el carburo y se producia una reacción que desprendía un gas (acetileno). Se le obligaba a salir por un orificio muy pequeño, la boquilla, y al quemarse generaba llama y luz.

Sus ventajas eran la regulación de la llama y que no producía humo. Sus inconvenientes que había que quitar la carbonilla de la boquilla regularmente y el precio.

Por eso los candiles se siguieron usando en los pueblos de la Transierra, donde se disponía de aceite propio, como en Puebla de Valles. Incluso cuando llegó la electricidad se mantuvieron un tiempo, hasta que fue posible poner bombillas en todas las estancias y los precios de la electricidad fueron razonables.

El progreso acabó con estas costumbres.

Centros de reunión

La iglesia, la taberna (solo para hombres), la plaza, el baile y el pórtico del templo (bajo el que se reunian los vecinos en Concejo) eran los centros de reunión oficiales y/o reconocidos.

Miedes de Atienza, cortesía http://sierrapela.blogspot.com/

Pero como antaño no había internet, móvil, Tvs ni radio, la gente necesitaba lugares donde recoger y/o intercambiar información. O simplemente para hablar por el placer de charlar, cuando sus obligaciones se lo pemitían.

Eso si, separados por sexos; eran otros tiempos. Algunos sitios, que en origen tenían otro cometido, también cumplían esta función

La fuente del pueblo

La Sierra Norte fue tierra ganadera desde tiempos de La Mesta (siglo XIII) y abundante en aguas. Por ello tiene un gran número de sitios para abrevar a los animales, aparte de rios y arroyos.

Como el ganado necesita agua cerca, se aprovechaba la de lluvia y de manantiales, que se embalsaban en navajos (el de las Casas en Puebla de Valles) y balsas artificiales. Cuando llegaba el calor, muchos se secaban.

Una alternativa eran las represas artificiales en arroyos (arroyo de la Virgen en Tamajón). Otra pasaba por construir fuentes con pilón en lugares de paso, aprovechando un manantial. Como en el camino de la Hoz de Tortuero, con las fuente del Sauco y la Nueva. Hay muchas fuentes dispersas por el monte; descubrirlas y beber su agua es todo un placer.

Pero la solución más socorridas era la fuente del pueblo, situada en el casco urbano o en las cercanías (fuente romana de La Mierla, fuente vieja de Valdesotos). Con pilón(es), caño(s) y pila, donde los animales abrevaban antes de entrar y/o a la salida de los corrales.

Recordemos que hasta el último tercio del siglo XX, el abastecimiento de agua a la población se resolvía así en la mayoria de los pueblos.

El agua venía de un venero próximo, canalizada, y fluía todo el año. En algunos pueblos era tan potente que abastecía varias fuentes. Cuando el agua potable se llevó a las casas, se mantuvieron las fuentes y en algunos casos, su alimentación del venero, con tubería nueva. Como en Retiendas, donde el agua de la fuente viene de la Chaparrá, junto a la carretera de Tamajón.

Además la fuente jugaba un papel esencial en la vida social del pueblo, sobre todo para las mujeres. Era el lugar ideal para enterarse de las noticias y los cotilleos, además de intercambiar información: cuando iban al pueblo vecino, quien horneaba, ...

Como había que ir a por agua todos los dias (incluso varias veces) las noticias siempre eran frescas.Cada una sabía la mejor hora para coincidir con sus amigas y/o recabar la información que precisaban.

Algunas mozas aguzaban el ingenio y se hacían visibles en la fuente a la hora que pasaba el mozo que les interesaba.

El rincón de la costura

Cada pueblo serrano tenía al menos un rincón de costura, Solia ser un lugar resguardado de los vientos y soleado, donde las mujeres se sentaban a repasar la ropa, coser, zurcir, ... en las tardes de invierno. Pero sobre todo a charlar de sus cosas.

La formación de los grupos no era casual, sino que respondia más a razones de amistad que de parentesco y/o de buena vecindad. Muchas veces servía de terapia de grupo, sin la presencia de niños, hombres y/o gente no deseada.

¡Cuantos secretos no se habrán contado en la "Plaza del rincón" de Puebla de Valles!

La fragua

La reparación del arado romano, el legón, la reja, ... y otras herramientas de labor jugaba un papel fundamental en el pueblo. La fragua solía ser comunal y el herrero contratado por el Concejo, si bien dependiendo de la población, su dedicación era a tiempo parcial o en exclusiva.

En algunos lugares serranos, el herrero venía del pueblo vecino 1-2 dias a la semana. En otros era un vecino del lugar con conocimientos de forja, que compaginaba este trabajo con sus quehaceres en el campo y el ganado.

En este caso, la fragua se abría al final del día, donde acudían los vecinos a reparar sus herramientas. Mientras el herrero manejaba el mazo y el martillo, el cliente se aplicaba con el fuelle.

En los dias de invierno, cuando la nieve, el hielo ó la ventisca impedían salir al campo, los hombres acudían a la fragua. Después de cuidar al ganado en los corrales, aprovechaban para reparar aperos y herramientas que habian quedado pendientes por las prisas del dia a dia. Al menos esa era la excusa.

La realidad es que al calorcito del fuego se organizaban animadas tertulias en las que los hombres hablaban de lo divino y humano, mientras el botillo pasaba de mano en mano y la petaca echaba humo.

Aunque se han recuperado algunas fraguas y están en perfecto estado (Zarzuelilla, La Vereda), la costumbre se perdió con la despoblación. Hay otras muchas restauradas (Semillas, Las Navas de Jadraque, ...) como testigos fieles de un tiempo que fue y no volverá.

La almazara

En la Transierra los molinos de aceite (almazaras) eran pequeños, de piedra y rulo únicos movida por una caballería, La operación completa (moliná) no superaba los 300 kilos de aceitunas, con un rendimiento máximo del 20% (60 kgs de aceite.

Como se realizaban 3 molinás por día, se obtenían 180 kgs de aceite diarios y se requerían 3 operarios. Un rendimiento escaso de, unido al minifundismo y las malas comunicaciones justifican el tamaño y excesivo número de almazaras.

Cada pueblo tenía al menos una, generalmente comunal; en Puebla de Valles hubo cuatro. Un grupo de labradores se unían y formaban sociedad para construirla y gestionarla, dando prioridad a sus cosechas.

Pero las almazaras tambien eran el centro de reunión de los hombres en los días de invierno. La molienda comenzaba en enero, una vez pasadas las fiestas.

Tras atender al ganado, los socios acudían a la almazara buscando el calor de la hornilla y la tertulia. En las brasas asaban patatas, a las que se añadían sal, un chorrito de aceite virgen y abundante vino de la bota, que nunca estaba vacía.

Se recordaban historias oidas a los mayores, se hablaba del campo, del ganado, de la mili, de caza, ... y de la vida en el pueblo y su comarca.

A veces se producian altercados entre los presentes debido al vino, que pronto se solucionaban por la intermediación del socio de más edad, con otro trago y un apretón de manos. Y sin interferir en la actividad de la almazara.

Para los chiquillos era la ocasión de disfrutar de un manjar, preparados por ellos mismos: una rebanada de pan casero tostada al calor de las brasas de la hornilla, que pasada por el aceite virgen y con unos granos de sal (o azúcar) se convertían en una delicatessen.

A partir de los años 50 las almazaras cayeron en desuso por la industrialización y la mejora de las comunicaciones. Con la despoblación, todas acabaron en ruinas salvo una, como testigo de aquellos tiempos.

De otros lugares de reunión, como el lavadero para las mujeres o los cocederos (bodegas) de los hombres ya hemos hablado. La tecnología, la mecanización, la despoblación y el abandono de los campos acabó con estas sanas costumbres, que tanto bien hicieron a nuestros antepasados.

Hoy las terapia de grupo tienen lugar. en verano y fines de semana, en la iglesia, en el bar (la hora del aperitivo es todo un rito), en la plaza (los ponederos en Puebla de Valles) o junto a la fuente.

Hacenderas, adras y trabajos en vereda

El origen de los pueblos de la Sierra Norte se sitúa en los siglos XII y XIII, en plena Edad Media. Las necesidades eran muchas y dado que el señor y/o los corregidores del Común no vivían en el lugar, eran los vecinos quien debían solucionarlas.

"Facenderas" se llamaban las tareas comunales que durante el Medievo realizaban los vecinos del lugar y se consideraba parte de un tributo. Su objetivo era la construcción y mantenimiento de infraestructuras de interés público (edificios comunales, caminos, presas, abrevadero, puentes, fuentes, molino, ...), corta de leña para el cura y/o maestro, recogida de bellotas, ... que de otra manera nunca se realizarían.

Aunque siempre había cosas que arreglar, la hacendera tenían lugar cuando las labores del campo y/o el cuidado del ganado lo permitían. El Concejo solía convocarlas días antes, indicando tarea y herramienta. Era de obligado cumplimiento para todos los vecinos y al menos debía ir un miembro de cada casa (excepto viudas).

El día señalado, a un toque de campana, acudían todos al lugar indicado. La tarea se realizaba en un tono festivo y de jolgorio, que solía acabar con el reparto de vino, frutos secos, ... y coplillas. A veces cuando la tarea era ardua, la hacendera duraba varios días hasta terminar los arreglos.

Con el paso de los siglos, se eliminó el carácter obligatorio pero se conservó la tradición ... Las penurias y limitaciones de la sociedad, así como la solidaridad, empujaban a los vecinos a realizar estas aportaciones comunitarias: las canalizaciones de agua en Cendejas del Padrastro y Cendejas de Enmedio,... son algunos ejemplos.

La costumbre cayó en desuso con la despoblación de los años 60 (otra más), aunque algunos pueblos serranos han conservado la costumbre: Valverde de los Arroyos, Hiendelaencina y Viana de Jadraque hacen al menos una para el arreglo de caminos.

Con el renacer de la Sierra en los años 80 se recuperó la tradición y se realizaron algunas obras encomiables de recuperación: Campillo de Ranas (la iglesia de Santa María del Vado), Retiendas (la fuente de los monjes en Bonaval), ...

Algunos pueblos serranos (Semillas, Zarzuela de Jadraque, ...) están recuperando esta tradición, adecuándola a los tiempos aunque han perdido algo de su pureza original.

El objetivo, además de preservar el patrimonio, es fomentar la cohesión de la comunidad, la identificación de los vecinos con su pueblo y pasar un día agradable en buena compañía. Su carácter festivo y solidario augura que este renacer será duradero.

El Ayuntamiento convoca a vecinos y amigos para que dediquen la mañana (suele ser sábado ó domingo) a una tarea, y luego dan cuenta de un almuerzo, que sufraga el municipio. Hiendelaencina tiene en su web un apartado de hacenderas. Un ejemplo a seguir.

Cortesía vecinos de Viana de Jadraque

<u>Adras</u>

En los pueblos serranos no había sepultureros, excepto en los núcleos de poblacion importantes. Los enterramientos se hacían por el sistema de "adras", turnos rotatorios entre los varones: dos vecinos por turno cavaban la fosa y luego la tapaban. Al siguiente entierro, corría la lista y había dos nuevos sepultureros ocasionales que no podían excusar su ausencia.

Ahora el enterramiento lo siguen haciendo los vecinos del pueblo, de forma voluntaria.

Trabajos en vereda

Determinados trabajos comunales, por su naturaleza, no admitían mucho personal trabajando a la vez: construccíon de una casa, corral, arreglos de elementos varios (fuente, fragua, ...), si bien todos los vecinos (cabeza de familia) estaban obligados a prestar su servicio a partes iguales. Si ellos no podían, designaban a un miembro de la casa.

Asi el Concejo estimaba el número de jornadas a realizar ("peonadas") y con antelación suficiente, hacía una lista con los turnos de trabajo de cada vecino (adras).

Entre ellos cambiaban los turnos, comunicándolo al Concejo, que no solía poner pegas. Si faltaban peonadas, se le daba otra vuelta a lista; si sobraban, se dejaban para el siguiente trabajo en vereda.

Asi se construyó la casa del cura en Puebla de Valles en los años 50, como se hizo habitualmente en estos pueblos serranos, sin esperar nada a cambio. El comportamiento de la Iglesia no siempre fue el esperado, como en este caso para su mayor vergüenza.

"El obispado de Sigüenza vendió la casa del cura a un particular ajeno al pueblo, sin darle publicidad. Casualmente coincidió con la reparación del techo de la iglesia, caido durante el invierno, que hubieron de sufragar la Junta, el Ayuntamiento y los vecinos mediante una colecta.

El obispado no solo se negó a abonar parte de los costes, sino que pretendió vender las vigas de madera del siglo XVIII, talladas y firmadas, enviando a un camión a recogerlas. El vecindario se sublevó e impidió que se cometiera tal tropelía". Hoy soportan el pórtico, tal y como estaba previsto.

Pastoreo cooperativo

Llamado también pastoreo en adra. En muchos pueblos serranos los vecinos poseían ovejas, vacas, cabras, muletos, cerdos, ... pero en cantidades que no justificaban la dedicación completa a pastorearlos.

A modo de ejemplo, el Concejo de Las Navas de Jadraque, en la posguerra limitó de forma voluntaria el número de cabezas por vecino (máximo 4 vacas, 30 cabras y 40 ovejas), ya que no había pastos para todos.

La solución pasaba por unir todas las cabezas del pùeblo de la misma especie y contratar a un pastor que se ocupara de ello, abonando cada propietario la parte proporcional, según número de cabezas.

Pero en estas tierras, escasas de recursos, no todos los lugares y hogares tenían capacidad para afrontar este gasto. Entonces cada vecino dedicaba unos días al mes, según número de cabezas en el rebaño común. La armonia entre los propietarios permitía el cambio de turno pero no toleraba el escaqueo.

Los animales se reunian en la plaza del pueblo donde cada vecino llevaba y recogía sus cabezas para llevarlas al corral, para el ordeño y el último pienso.

Eran "la vacá", " la cabrá (Valverde de los Arroyos)", "la muletá (Valdepeñas)", ... Aunque no se daba en todos los sitios.

Si eran cerdos, entonces se llamaba "la porcá" y su cochinera "corte" , ... como en Puebla de Valles.

Caza colaborativa

Para algunos privilegiados, la caza era un deporte que podían practicar en todo el término municipal, dada su posición: el secretario, el médico, el molinero, ... sin que nadie les molestase.

Les bastaba salir al atardecer, buscar un buen sitio y sentarse a la espera de que liebres y conejos fueran entrando. Una operación que podían repetir al dia siguiente y en cualquier época del año.

Para el resto de los serranos, la caza era otra cosa. Una forma de llevar carne a casa para engordar el puchero y alimentar a la familia.

Cuando era necesario las piezas se vendían para obtener unas pesetas. En la posguerra muchas acabaron en un mercado de Madrid (la tía Lala en Puebla de Valles, se ocupaba de que así fuera).

A falta de medios, utilizaban su ingenio con bastante éxito. Con frecuencia los hombres regresaban a casa con alguna pieza, a veces ayudado por su fiel perro.

La caza a lazo de liebres y conejos, hoy declarada ilegal, era el método más común. La colocacion de lazos se hacia al anochecer y la recogida de piezas al amanecer, ya que estos animales salen a comer por la noche y es cuando tienen más actividad.

Se buscaban los caminos de paso (carriles) y se colocaba el lazo a unos centimetos del suelo, atado a una estaquilla sujeta a una rama ó a una piedra. La liebre nunca sigue el mismo camino, pero es poco obsevadora y caía con facilidad en la trampa; si no era asi habia que buscar un nuevo carril donde poner el lazo.

Los conejos seguían siempre el mismo camino, que mantenían despejado, cortando la vegetación. Pero son muy observadores y detectan cualquier cambio. Esto obligaba a mover el lazo de lugar cada vez que se cobraba una pieza.

La caza del conejo con lazo (hoy prohibida) se prestaba al trabajo en grupo: caza colaborativa. En algunos pueblos de la Transierra (Puebla de Valles, La Mierla, ...) cuando no habia faena en el campo se juntaban varios hombres y salían al atardecer a poner las trampas.

Cada uno colocaba las trampas en el territorio que mejor conocía. Al amanecer el que tenía menos faena recorría las distintas rutas recogiendo las piezas. Por la tarde, se hacia el reparto entre los cazadores de la partida, siguendo el mismo esquema:

> Reunidas las piezas y los integrantes del grupo en el pueblo, se hacían tantos montones como cazadores, más o menos homogéneos. Un chiquillo hacía el reparto.
>
> De espaldas y sin ver los montones, le preguntaban:
>
> ¿Para quién es este? Y el chiquejo lo asignaba a uno de ellos.

En los años 50´s surgieron los cotos de caza y las prohibiciónes para evitar que quienes mas lo necesitaban, pudieran ejercitarla, so pena de fuertes multas.

La Guardia Civil y Guardas Jurados (armados con escopeta y contratados para tal fin), vigilaban que se cumpliesen las leyes de caza. Asi se acabó con esta tradición.

Pesca en comandita

Durante siglos, la orza de peces en escabeche fue un suplemento alimenticio imprescindible para las familias de la Sierra Norte.

A pesar de que no había veda y/o no se respetaba del todo, las truchas, bogas, barbos, anguilas, cangrejos, espejuelos, … poblaban nuestros ríos: Jarama y en su cuenca Berbellido (las mejores truchas de la Sierra) y Jaramilla. El Sorbe, Bornova, Henares, Dulce y Cañamares, con sus limpias aguas no le andaban a la zaga.

Un documento de 1.679 del Monasterio de Bonaval, recoge el arriendo de pesca en el río Jarama con un hombre de El Vado. La renta anual era 23 libras de barbos y bogas más 8 libras de anguilas y truchas (una libra = 460 gramos).

Según el Catastro del Marqués de de Ensenada (año 1.752) en el río Sorbe se criaban truchas, barbos, anguilas blancas y bogas. Había un pescador en Muriel que ganaba 600 reales/año) y dos en Beleña, que ganaban entre ambos una cantidad similar.

Las modalidades de pesca habituales eran: a mano, buceando, con urguero, a trueno, lanzadera, anasa, trasmayo, … Otras formas de pesca, menos habituales y más agresivas, como la dinamita o el envenenamiento del agua con plantas que eliminan el oxígeno eran ilegales … salvo que el juez dijera lo contrario:

> "Se cuenta que a finales del siglo XIX, en Retiendas fue detenido un hombre de posibles por la Guardia Civil, acusado de haber envenenado el Jarama. Echaba unas yerbas al rio que atontaba a los peces y los sacaban a de superficie .
>
> Dicen que fué más por un encontronzo que tuvo en el pasado con el sargento, que por esta práctica. Aunque era ilegal, de Guardia Civil hacía la vista gorda.
>
> Sea como fuere, acusado ante el juez de Cogolludo de envenenar el río, su abogado demostró que tal afirmación

era falsa, ya que él y sus amigos estaban comiendo una parrillada de los peces así capturados cuando le detuvo la Guardia Civil.

Y nada les pasó. El juez no tuvo más remedio que dejarlo en libertad"

La pesca en comandita, era frecuente en algunos pueblos ribereños. Aprovechando los días que no había faena en el campo, un grupo de 4-5 hombres bajaban al río, delimitando un tramo donde cada uno pescaba según su habilidad. En la orilla uno de ellos se encargaba de recoger las capturas, tan abundantes que daban para todos.

Reunido todo lo pescado del grupo en el pueblo, se hacían tantos montones como pescadores, más o menos iguales. Un chiquillo participaba en el reparto; sin ver los montones.

Le preguntaban ¿Para quién es este? El chico lo asignaba a uno de ellos. Lo quee demuestra que el trabajo en equipo y la solidaridad no nacieron con la nueva sociedad de finales del siglo XX.

Con la despoblación esta tradición desapareció para siempre.

La llegada del cangrejo americano y los lucios mermaron la diversidad y cantidad de peces de nuestros ríos.

La construcción de embalses y la normativa autonómica han enclaustrado la pesca en la práctica deportiva (sin muerte), fijando cada año periodo de veda, especies permitidas, tallas, tramos, tipos de pesca, ...

La Sierra Norte de Guadalajara, Parque Natural con aguas de calidad, está reconocida como excelente para la trucha.

En los embalses del Atance, Alcorlo y Pálmaces está permitida la pesca de ciprínidos con cebo vegetal durante los periodo de veda de la trucha.

Recogida de bellotas

Aunque hoy la bellota está considerada "pienso para cerdos", desde tiempos inmemoriales, también fue alimento para el hombre. Sean estos unos datos que muestran la importancia de la bellota dulce (de encina; las de robles, melojos, quejigos, ... amargan):

Atapuerca ha proporcionado indicios de su consumo por varias especies de humanos. Una pintura rupestre en el abrigo de "La Sarga" (6.000 a.c) representa la recolección de bellotas por "vareo". Han aparecido en altares (ofrenda a los dioses), y en necrópolis mezclada con restos orgánicos (ofrenda funeraria).

En la Edad de Bronce se almacenaban en vasijas de barro y se convertian en harina para hacer pan y gachas. Se conservan monedas de plomo pre-romanas con una bellota inscrita..

El cerco de Numancia duró 15 meses porque la ciudad estaba rodeada de encinares y sus habitantes se alimentaban de pan de bellotas. Las numantinas se adornaban con pendientes de bronce en forma de bellota.

Al poeta griego Hesiodo (siglo VII a.c.) cabe el honor de haber citado por primera vez la bellota como alimento. Estrabón en su Geografía (siglo I a.c.) cuenta de Iberia:

> "en las tres cuartas partes del año, los montañeses no se nutren sino de bellotas, que secas y trituradas se muelen para hacer pan, el cual puede guardarse durante mucho tiempo"-

Ya en el siglo XI el médico árabe de Toledo Ibn Wafid, la incluyó en "el libro de la almohada":

> "la bellota, mezclada con otros vegetales es dentífrico que limpia la encía. Y en mezcla con arcilla y otros productos es remedio útil para la incontinencia de la orina".

La tradición popular le otorga propiedades revitalizadoras, y la considera remedio contra la diäbetes y la diarrea infantil. La tradición la incorporó a refranes, villancicos, coplas de ronda, mayos, ...

La bellota aparece en el Románico y en el arte islámico, que alternaba los frisos de hojas de vid con otros de hojas de robles y bellotas. Posteriormente figura en el Gótico-mudéjar (Catedral de Toledo) y en el Renacimiento.

Ha sido cantada por poetas (Larra y Federico Garcia Lorca, entre otros) y Cervantes la menciona en el capítulo XI de la segunda parte de "El Quijote". En el siglo XX ha sido incorporada por reputados chefs a la gastronomía más refinada.

En la Sierra Norte, desde la repoblación (siglos XII y XIII) las bellotas han sido un alimento muy socorrido, sobre todo en época de hambrunas, a pesar de que la deforestación de los siglos XV y XVI eliminó muchos bosques.

Quedan algunos encinares frondosos en Retiendas, Tamajón, La Mierla, Valdepeñas, ...En las rañas abundan las encinas aisladas entre trigales ó en pequeños grupos, a veces como linderos. También en bosques, rodeadas de quejigos, robles y melojos.

Encina La Hacendera, Puebla de Valles

Las bellotas dulces se han consumido crudas, asadas y cocidas con anís o leche. Con ellas se hacía pan, gachas y puches (gachas dulces). Y como postre en el turrón del pobre, higo seco con una bellota en su interior.

Pero fue en la posguerra cuando se convirtió en alimento básico. Servían para tortilla españolas (sustituyendo a la patata), como café (tostadas y molidas), y hasta se obtenía aceite de ellas (machacadas y cocidas, el aceitillo flotaba en el agua y luego se recogía con cuchara).

En los pueblos serranos, donde escasean los recursos, las bellotas se aprovechaban todas: las dulces para consumo propio y las otras como pienso para los cochinos. En cada casa había al menos uno y las bellotas constituían un pienso nutritivo y barato.

Asi ocurría en Puebla de Valles, con robles abundantes, donde octubre estaba marcado por la recogida de las bellotas. Había tres robledales, la Capitana, el Monte del Estado y las parcelas de particulares; en cada uno se aplicaba un procedimiento distinto para la recolección. Había leyes no escritas, de obligado cumplimiento, que todos respetaban.

La Capitana está situada entre laderas y cerros de los arroyos Valdelacasa y Muradiel. Se llama porque en origen, la dueña era la mujer de un capitán que volvió de Cuba y se asentó en el pueblo.

En la posguerra sus propietarios, unas 40 familias, formaron sociedad y su gestión fue encomendada a un presidente, auxiliado por un alguacil. El presidente fijaba el día de comienzo de la recolección, que se hacía en vereda.

Cada socio estaba obligado a enviar a un miembro de su familia para la faena, habitualmente mujeres y/o jóvenes ya que los hombres en esas fechas estaban en el campo. Al toque de cuerno los elegidos acudían al puente, provistos de bestias, costales, cestos y la talega de la merienda. Desde allí marchaban a la Capitana, para divididos en grupos.

Los robles más tempranos ya tenían muchas bellotas en el suelo y solo había que recogerlas. Para el resto, las que quedaban en el arbol, se golpeaban las ramas con una fina vara de fresno (vareaban) hasta que caían al suelo. A veces el tamaño del roble exigía subir hasta un cimal para varear.

La tradición dictaba que los principiantes pagaran la novatada, asignándoles los robles peor situados, al borde de barrancos o en laderas empinadas. En su afán por hacerlo bien, resbalaban y rodaban por el suelo con frecuencia, sirviendo de chufla al resto. Entre risas y coplillas se pasaba el día.

Algunas veces surgían discusiones por rencillas vecinales, que rápidamente eran acalladas por el alguacil. El tío Pandera dirigió la recogida de bellota durante muchos años de forma ejemplar. Recordaba con exactitud los robles legítimos (aquellos que todos los años daban cosecha) y los no-legítimos.

Para el almuerzo, se buscaba una pradera limpia a orillas del arroyo. De la talega se sacaba, en este orden, el pan redondo y la navaja cabritera. En una maniobra calculada se cortaba un canto y se le extraía la miga, dejando un hoyo para rellenar con pimientos y/o con cosas de la olla (de matanza, de pajaritos o de peces) para acompañar a la tortilla.

Al atardecer volvían al pueblo, con las caballerías cargadas de bellotas que se amontonaban en el salón del pueblo (debajo del bar social). La operación se repetía cada día hasta que todos los robles habían sido cosechados.

Luego se repartían entre los socios, según su participacion en la sociedad por fanegas, medias y cuartillas (1 fanega = 55 litros). Pasados unos días se daba una segunda vuelta, incluso una tercera, siguiendo el mismo método.

El procedimiento para la recolección en los montes del estado era algo diferente. Participaba todo el pueblo y cada familia enviaba al miembro más cualificado, ya que las bellotas recogidas por cada uno pasaban a su propiedad.

El animador era Ignacio "El Canas" que a toque de caracola y a intervalos de diez minutos, marcaba el ritmo. El primer toque recordaba que era día de bellotas, el segundo para de de gente se fuera preparando y el tercero para que acudieran al puente.

Salvo los días señalados para la recoleccíon, en la Capitana y los montes del estado, no se podían recoger bellotas durante el mes de Octubre. A partir del 1 de Noviembre el acceso era libre. Muchos vecinos acudían a la rebusca para aumentar las reservas de pienso para el invierno.

Por lo general las bellotas del suelo se dejaban para los jabalies y para el ganado, que de madrugada invadían las zonas acotadas hasta terminar con todas.

Las bellotas también servían como artículo de broma. Una bellota, echada al fuego por un chiquejo en un descuido de los mayores, estallaba a los pocos minutos provocando el sobresalto de toda la casa. Se decía que las bellotas tenían pólvora.

Fuentes: Juan Pereira Sieso, Enrique García Gómez y Manuel Sanz Iruela

Relojes de antes

Hasta que se popularizó el reloj individual, la única manera de conocer la hora era a través de la posición del sol. Recordemos que hasta los años 60 no se popularizó el reloj de pulsera.

Los pocos serranos que tenían reloj de bolsillo lo sacaban los dias de fiesta, más por presumir que por su utilidad ... a excepción del secretario del ayuntamiento, médico, ... que podían permitirse usarlo a diario sin temor a perderlo en el campo.

En casi todos los municipios había reloj de sol, en la plaza o en el muro de la iglesia, lo que era muy útil para quienes estaban en el pueblo.

Pero los hombres que salían a trabajar al campo y/o a pastorear el ganado, calculaban la hora por la posición de la sombra de algún accidente geográfico y/o edificio, visible desde largas distancias. A modo de ejemplo, en Puebla de Valles se sabía que:

- El cerro de las once, situado a la derecha de Valdesotos, marcaba la hora del bocadillo cuando la sombra tomaba esa dirección.

- Cuando la sombra apuntaba hacia El Ocejón, era hora de comer.

- En la época de trilla, desde las eras ubicadas en 4 emplazamientos diferentes alrededor del pueblo, se veía la escuela (donde hoy está el bar). Cuando su sombra estaba a ras del tejado, era hora de comer

Cada pueblo de la Sierra Norte tenía sus referencias propias. Aunque ahora hay múltiples formas de conocer la hora (incluido el móvil) y la fórmula parece poco útil, algunos mayores siguen usando estas referencias.

La ronda

Estaba formada por un grupo de mozos, armados con guitarras, bandurrias, laudes, triángulos, cañas, carracas, botella de anís, ... que recorrían el pueblo tocando y cantando.

Salían en fiestas: Candelas, Jueves lardero, Canaval, los Mayos, Fiestas patronales, Navidad, Nochevieja, ... Su temática variaba según fechas (religiosa, galante, pícara, ...)

Así en Navidad, a los instrumentos tradicionales se les unía el almirez, la zambomba, ... y se cantaban villancicos, yendo casa por casa. El cabeza de familia les invitaba a entrar, y tras unas canciones. les ofrecía rosquillas y licores.

Pero la ronda tambien salía en bodas, bautizos y cualquier evento que lo mereciera: la llegada del nuevo maestro, cura, médico o forastero, ... O simplemente porque si.

Bastaba que se reunieran los mozos (a veces tambien participaban los casados) con ganas de juerga y/o la excusa perfecta (un joven que quiere despedirse de su novia antes de partir, ...)

La más celebrada era cuando un mozo quería enamorar a una moza; entonces la ronda se esmeraba y se dirigían en silencio hasta la casa de la joven. Frente a su balcón le dedicaban canciones de amor, citando al romeo, que acompañaba a la ronda y pagaba los licores (abundantes)de la fiesta.

Si el joven era del agrado de la chica y la familia no se oponía, se asomaba al balcón de la sala y la ronda le obsequiaba con más canciones y el enamorado podía lucirse con unos versos.

Si no era así, tras un par de canciones y los improperios del cabeza de familia (que se oían hasta en las eras), acababa la sonata entre las risas y carreras de los mozos.

En muchos lugares la ronda salia el sábado, después de cenar hasta la madrugada. Recorrían las calles parando frente a las casas donde habia mozas enamoradizas, a las que dedicaban sus canciones ... hasta que el grito del padre ponía fin al concierto.

Seguían hasta la siguiente parada, donde repetían la operación, pasando por todas las casas donde había mozas en edad de enamorar.

Se cantaban estrofas de cuatro versos, a coro y con una sola voz, cambiando el cantante a cada estrofa, muchas de ellas improvisadas. Estas coplas se cantaban en Valdesotos

(1)
Esta calle esta empedrada
de onzas de chocolate
que lo ha empedrado (nombre mozo.)
para que la (moza) pase.

....

(3)
Ya te echo la despedida
que echan en Valdesotos,
la que no tenga marido
que se venga con nosotros.

....

(5)
Danos de tu pelo rubio
cuerdas para mi guitarra,
que se me ha roto la prima,
segunda, tercera y cuarta.

Y esta en Puebla de Valles

A tu puerta hemos llegado
cuatrocientos en cuadrilla.
Si quieres que nos sentemos,
saca cuatrocientas sillas.

Las coplillas pícaras eran las más celebradas, llenas de ingenuidad y encanto. Como estas de Beleña de Sorbe:

Si quieres que yo te quiera
ha de ser con una condición,
que lo tuyo ha de ser mío
y lo mío tuyo no.

De que te sirve llorar
y dar voces como un loco,
si tu te mueres por ella
y ella se muere por otro

Aunque te vuelvas culebra,
te vayas a la mar
y te escondas en la arena,
mis ojos te han de buscar.

Aunque vives en rincón
no te echamos en olvido,
que de los rincones salen
los capullos mas floridos.

Ya se van los quintos madre,
ya se va mi corazón,
ya se va el que me tiraba
chinitas a mi balcón.

Por la calle de abajo baja
una cordera sin madre,
si no me la quita Dios
no me la quita nadie.

La primera clavelina
que eche mi clavelinero,
se la tengo que poner
a mi amante en el sombrero.

Anda diciendo tu madre
que tu no me quieres a mi,
ya quisiera tu madre
que te quisiera yo a ti

Las dos hermanitas duermen
en una cama de flores,
en la cabecera tienen
la Virgen de los Dolores.

Cortesía Ayuntamiento de Pálmaces de Jadraque

En Valdepeñas de la Sierra, por tamaño (>800 habitantes) hubo varios grupos de ronda (rondallas). Algunos se adornaban con escarapelas de colores en las gorras. Los sábados después de la cena, salían las rondallas.

A veces se reunían en el zaguán del Ayuntamiento, donde los diferentes grupos competían en ingenio (por las letras), voz y música de sus instrumentos.

Los vecinos acudían al concierto, que duraba hasta las doce de la noche, aplaudiendo a unos y otros. A veces más por amistad que por la actuación en sí.

En fiestas señaladas, como el Cristo de la Paz, San Sebastián, San Isidro, fiesta de los Quintos, ... era un espectáculo digno de admiración, que se perdió en la posguerra.

Otras veces las rondallas recorrían el pueblo hasta la medianoche, según compromisos de rondadores e invitados con sus amadas y/o pretendidas. Un botillo de vino les acompañaba en sus serenatas.

A la sierra tengo que ir
montadito en una liebre,
pa que digan las serranas
que caballo tan alegre.

A un cazador de mi pueblo,
en el arroyo del madroñal
se le ha enredado una liebre,
entre la albarca y el pial

Aunque vives en rincones
te venimos a rondar
pues eres rosa bonita
más que las de tu rosal

Hasta hace unos años, la madrugada del día del Cristo de la Paz, la rondalla recorría el pueblo hasta la hora de la Misa Mayor, solicitando limosna. El dinero recogido se destinaba a los arreglos de la iglesia.

En algunos lugares (Las Navas de Jadraque, la Huerce, ...) la ronda salía el sábado por la noche al baile y cantaban jotas picaronas, que iban enlazando unas con otras, y animaban a las mozas a bailar.

La ronda desapareció en los años sesenta, cuando los jóvenes abandonaron nuestros pueblos.

Canciones populares de la Transierra

En la Transierra, limítrofe con La Campiña, la cancion popular expresaba nuestra idiosincrasia, ... porque era un poema nacido del pueblo que transmitía emoción, cuando no un mensaje.

A veces solo era un requiebro

> Valdepeñas me da voces,
> desde Tortuero me llaman,
> y las mocitas de La Puebla
> me dicen que no me vaya.
>
> Valdepeñas y la Puebla
> tienen los pastos comunes,
> y yo los tengo contigo
> sábados, domingos y lunes.
>
> Desde la Sierra de Concha
> baja cantando un pastor,
> ni tu padre ni tu madre
> han de evitar nuestro amor.
>
> El airecillo que viene
> cuando en la besana estoy,
> me recuerda a mi morena
> cuando achuchones le doy.

Que se reafirmaba desde la besana (eran las <u>canciones de arado</u>)

> Te estoy queriendo y queriendo
> y tu cuenta no te das,
> mira lo que voy arando
> mis surcos te lo dirán.
>
> Arar con surcos derechos
> en el jardín de una dama
> es como subir al cielo
> cualquier noche pasada

En la puerta del corral
tu madre nos cogió un día,
que se lo cuente a tu padre
y si no ser arar que lo diga

En otras ocasiones describían situaciones amorosas, más o menos
afortunadas

Desde Valdesotos vino
un pastor a Valdepeñas,
mira que tuno el indino
que se casó bajo una peña.

Tengo amores en Yunquera
y también en el Casar,
pero los de Valdepeñas
son los que me dan pesar.

En Tamajón hay un árbol
que tiene las hojas verdes
y en Majaelrayo una moza
que a todos los mozos quiere.

Recogían lamentos de la vida cotidiana

Lastima me das cucharreno (*)
que se te murió la vaca,
decía una cucharrena
a la que llamaban Paca.

Al cocido de mi ama
le llaman agua caliente,
estoy todo el día arando
y no puedo hincar el diente.

Aunque estuviera borracho
y el amo me lo dijera,
después de arar todo el día
no es extraño que así sea.

Otras veces eran un canto de hermandad entre pueblos vecinos

Viva Puebla de Valles
y también Retiendas
¿por qué no han de vivir Muriel
y también Torrebeleña?

En Tamajon buenas piedras,
buen carbón en Almiruete
y en Muriel buenos cochinos,
cerezas, truchas y peces.

O de rivalidad entre ellos

Que te quedaste en puebla
porque no llegaste a pueblo,
no te extrañe que me vaya
a buscar novia lejos.

Que no llegaron a pueblo
ninguna de las dos Pueblas
pero yo tengo amoríos
en una y otra puebla.

Los de la Puebla de Valles
dicen a los de la puebla,
de tanto comer confites
se os cae hasta la lengua.

Los de la Puebla de Valles
a la otra puebla susurran,
aunque tenéis lagunas
no coméis peces ni truchas.

Incluso de enemistad

En Aleas canta el buho
en la Torre los bubillos
en Muriel los andarrios
y en La Mierla los mier....leros

También servían para realzar pueblos, caminos y lugares

Campanas las de Toledo
iglesia la de León
y el púlpito más famoso
lo tiene Tamajón

Muy cerca de Tamajón
la cueva de Gorgocil
si quieres entrar en ella
no te olvides el candil

Caminando hacia Muriel
que bello es el camino,
chopos de Tamaya y
paisajes mínimos

Las había de tema religioso

Peñamira está en Muriel.
en Torrebeleña el Cerro.
y en Cogolludo tenemos
la Virgen de los Remedios.

Virgen de los Enebrales.
patrona de Tamajón.
tiene las puertas abiertas
como si fuera un mesón.

que en la Transierra, estaban dedicadas a la Virgen de los
Enebrales, patrona de la Sierra (la Serrana)

Virgen de los Enebrales
consuelo de tantos,
danos aguas claras
para regar los campos.

En cuantos apuros
nos hemos hallado,
Virgen de los Enebrales
tu nos has salvado.

Virgen de los Enebrales
extiende tu manto,
y dile a tu hijo
que nos riegue el campo.

(*).- Cucharreno: llaman así a los naturales de Valdepeñas de la Sierra

Fuentes: Sinforiano García Sanz, Tomás Gismera

La Caridad

Era un panecillo de harina de trigo cocido con unos granos de anís, que le daban un sabor característico. El Ayuntamiento o los mayordomos (jóvenes encargados de organizar las fiestas) lo repartían de forma gratuita en días señalados: Candelas, San Blas, San Isidro, San Juan, San Roque, Los Santos, ... Cada pueblo tenía su dia de reparto.

Conviene recordar que, en la Edad Media, el pan era el sustento básico de las clases humildes, y por ello sagrado. Había que tratarlo con respeto, no ponerlo bocabajo ni pinchar con tenedor.

Si se caía al suelo, había que besarlo haciendo 3 cruces para alejar desgracias, ... A los niños se les inculcaba desde pequeños: ellos eran los que entregaban al pobre que llamaba a la puerta la rebanada que el padre habia cortado de la hogaza familiar.

El pan también tenía carácter protector. Enmohecido se utilizaba como cataplasma y curaba la pùlmonia, el tifus, ... Guardar un trozo de pan de la boda garantizaba a los casados que nunca les faltaria lo esencial.

Llevar un pedacito como reliquia, protegía de maleficios. Soñar con plan blanco significaba abundancia. Con pan de cebada, salud y suerte; con pan negro miseria.

Pero por las mismas causas estaba rodeado de supersticiones: debía guardarse en una bolsa blanca, bordada con una cruz. Desperdiciar (despreciar) el pan podía traer desgracias a quien lo hacía y miserias a su familia. Incluso se usaba como conjuro de amor: si se pinchaba con un alfiler un trozo de pan que hubiera tocado la persona deseada, esta correspondería.

Una costumbre medieval consistía en repartir pan entre los necesitados el dia de Todos los Santos, como ofrenda de los muertos a los vivos para que disfrutaran de la vida.

Se llevaban a las iglesias cestas de pan, envueltos en servilletas enlutadas, que se repartían al terminar el oficio. Era el "pan de ánimas" o "pan de caridades"; en el siglo XV ya se hacía en El Vado.

Durante las hambrunas del siglo XVI, en parroquias y monasterios bendecían el pan antes de repartírlo entre los pobres. Incluso se presupuestaba en el libro de cuentas de la parroquia.

Luego se coció con unos granos de anís ("pan de caridad") y su reparto los domingos después de misa se convirtió en costumbre. Se creía que tenía propiedades para curar al hombre y a los animales, además de protegerlos contra enfermedades, el mal de ojo y otros maleficios de brujas, ...

Asimismo protegía el campo de tormentas y pedrisco. Por eso había que tenerlo siempre en casa: se cogían 2 panecillos de la caridad, uno se comía y el otro se guardaba durante un año hasta de siguiente fiesta.

En algunos pueblos, como Puebla de Valles, el panecillo llevaba dentro un trozo de tocino, un huevo duro ó un poco de chorizo (origen del famoso "bollo preñao").

Solía ir acompañado de queso de la tierra (La Vereda), tostones (garbanzos tostados, en Beleña de Sorbe), vino (Puebla de Valles, La Vereda) o aguardiente (Valdesotos).

El dia del reparto variaba según los pueblos: por San Isidro (Tortuero), tras la romería (en Puebla de Valles hay un paraje del camino real llamado "La caridad de San Isidro, donde se entregaban los panecillos).

Por las Candelas en Valdesotos y Retiendas, por San Blas en Beleña de Sorbe. En San Roque se repartía en La Vereda y por San Juan en El Vado, ...

La costumbre se perdió con la despoblación, si bien en algunos lugares se está recuperando gracias al esfuerzo de las Asociaciones Culturales.

Fuente: D. Pedro Vacas y vecinos de la Sierra.

Juegos populares y serranos

Una actividad lúdica que se ejercita solo por divertimento es lo que llamamos "juego". En los llamados "populares" subyace un sustrato cultural que ha calado en el pueblo y que motiva a jugar a sus vecinos.

Asi ocurría en la Sierra Norte donde la gente se divertía con estas actividades, con más o menos frecuencia y entusiasmo, según tipo de juego y lugar. Aunque no son exclusivos de esta comarca, estaban fuertemente implantados. La mayoría desaparecieron con la despoblación.

Ahora muchos municipios intentan recuperarlos aprovechando las fiestas patronales, con suerte dispar.

Juego de bolos "castellanos"

El proceso de repoblación de la zona, durante los siglos XII y XIII con colonos procedentes del norte, trajo este juego a los pueblos serranos, donde se realizaba en fiestas, en los atardeceres del verano, ... y en cualquier ocasión que viniera bien.

Aunque en esencia el juego era el mismo, había diferencias de matices según el lugar. Tantas que no hay dos pueblos donde se jugase exactamente igual. Las variaciones se referían al peso y diámetro de la bola, el reglamento y las medidas de la cancha.

Los elementos imprescindibles del juego eran: la bola de madera (de roble o encina, de unos 16-23 cms de diámetro y 2-3 kilos de peso) y 9 bolos, también de madera, de unos 50 cms de alto y 4 de base. Se colocaban en tres filas al final del campo, guardando la misma distancia entre ellos.

El partido lo disputaba a 4 juegos 2 equipos, con tantos jugadores como se deseara (hasta 5). Cada jugador tiraba 2 veces; los bolos derribados eran tantos que se sumaban a los obtenidos por sus compañeros.

Ganaba el equipo que más tantos acumulaba. Un reglamento fijaba las faltas (michas), que se castigaban anulando los tantos y/o expulsando al infractor.

Campo de bolos, Roblelacasa.

En 1.980, por impulso de la Diputación de Guadalajara, se unificó el reglamento y se creó un campeonato provincial que celebró en 2.018 su XXI edición. La participacion serrana es testimonial.

Prácticamente desaparecido de nuestros pueblos, aún se juega en fiestas y verano en lugares que conservan el campo en buen estado: Roblelacasa, El Espinar, Majaelrayo, Retiendas, Beleña, ...

El juego de pelota

Muy extendido por la Sierra Norte desde siempre, como señal inequívoca del origen de los repobladores de la zona. Aun se conserva en buen estado el viejo frontón de Alpedrete de la Sierra y sobreviven en Valdepeñas, Tamajón, Pálmaces de Jadraque, ... Alguna vez se usan en fin de semana para frontenis.

No siempre, ni en todos lugares, el frontón era una prioridad para el Concejo, ... sobre todo si había una pared de buen tamaño para

echar unas manos (de la iglesia, del Ayuntamiento, del molino,...).
Había que empezar por construir la pelota:

> "Una bola de madera rodeada de lana virgen, que luego se
> golpeaba con un mazo para que quedara bien compacta y
> se rodeaba de hilo. Luego se cubría con piel de oveja (o de
> gato), a la que se le había quitado el pelo con agua de
> ceniza. Más tarde, la bola de madera se sustituía por un
> pegote de tiras de goma de recámara de bicicletas."

En Puebla de Valles se jugaba el domingo en la explanada de la
iglesia, sirviendo la pared junto al porche de frontón. Jugaban 6
jóvenes y al terminar el partido, entraban otros 6. Entre todos
compraban vino que bebían en porrón y ofrecían a los hombres
que acudían a verlos (las mujeres estaban ausentes).

Con la despoblación los frontones perdieron su sentido, fueron
derribados y/o cayeron en el abandono. Ahora el juego de pelota es
un recuerdo, solo se practica en ocasiones especiales (El dia de la
Sierra) para rememorar viejos tiempos. Claro que la dureza de la
pelota desanima a cualquiera, y eso que ya no se hace como antes.

Juego de la calva

Iberos y celtas ya jugaban a la calva. Dicen unos que su origen se
debe a los pastores que así ejercitaban fuerza y puntería para
cuando lo necesitaran. Un cuerno de vacas colocado en el suelo, en
vertical, a derribar arrojando piedras desde una cierta distancia, es
la base de este juego. Según otros, su origen está relacionado con la
caza menor, como entrenamiento para acertar de una pedrada a la
pieza.

Su práctica estaba muy extendida por el reino de Castilla; a la
Sierra Norte debió llegar con los colonos durante la repoblación,
teniendo gran aceptación. En El Espinar, aldea de Campillo de
Ranas, hay un paraje llamado "el juego de la calva".

El juego en esencia apenas ha evolucionado y es prácticamente el
mismo en todos los pueblos serranos. El cuerno se convirtió en
pieza de roble o encina (la calva), de forma rectangular (8 x 5 cms)
con dos brazos formando ángulo de 120°, no necesariamente

iguales pero tallados, para que puedan apoyarse sobre uno de ellos o sobre los extremos.

La calva, erguida, se sitúa entre 10 -14 metros de la manda (punto desde el que se tira). Con una piedra plana y cilindrica (de aproximadamente 20 x 6 cms y 2 kgs de peso), el jugador intenta derribarla.

Si lo consigue, se anota un tanto y su equipo conserva la tirada hasta que falla uno de sus miembros, pasando entonces la tirada al equipo contrario. La partida se jugaba a 9 tantos; para la siguiente, la manda se situaba unos metros más lejos.

Los equipos estaban formados por 2-4 jugadores, pudiendo jugar tanto a nivel individual como con varios equipos en la misma partida. Cada jugador solía tener su propia piedra, tallada y a la medida de su mano. La cancha es similar al campo de bolos, por lo que solía ser la misma.

La despoblación terminó con este juego, que fue muy popular en algunos pueblos serranos y hoy solo es visible en fechas y lugares muy señalados (dia de de Sierra, fiestas patronales, ...)

El tiro de la barra

Juego extendido por todo el país (Castilla, Euskadi, Valencia, Aragón, ...), tanto que estuvo presente en la Olimpiada Cultural de Barcelona en 1.992.

En la Sierra Norte fue muy popular en los años 20-30 del siglo XX. Durante las fiestas patronales se organizaban campeonatos en los que competían mozos de pueblos vecinos para demostrar su habilidad.

Su origen está ligado a las faenas del campo, como entretenimiento de labriegos y cazadores. En algunos sitios, hasta hace pocos años, se utilizaba el barrón del arado romano como barra; en otros (Valverde de llos Arroyos) una palanca usada para mover piedras.

El juego consistía en el lanzamiento de una barra de hierro (de 50-
60 cms largo, 4,5-6 cms diametro y 6,5 kgs de peso) desde un
punto señalado,.

Los pies deben estar quietos, dándose hasta 3 impulsos con el
brazo para lanzarla lo más lejos posible y debe caer de punta.
Según lugares, los extremos de la barra acababan en punta (uno o
los dos), uno plano o biselado.

Ganaba quien lanzase la barra más lejos, si bien en algunos pueblos
(Majaelrayo) de puntuación variaba según cayese la barra: de
punta, plana o se volteara en el aire. En otros si daba vueltas, el tiro
se consideraba nulo. Se practicaba en eras, en la plaza o en un
lugar sin piedras.

La despoblación terminó con este juego que solo es visible en
exhibiciones de juegos serranos en dias señalados

El juego de de burria

En origen este juego autóctono fue entretenimiento de pastores.
Cuando varios rebaños descansaban en lugares próximos se
reunían en terreno llano y usando sus cayados con un canto
rodado, pasaban el rato.

Muy localizado en la Sierra del Ocejón, recuerda al hockey (o al
golf, que en esto no se ponen de acuerdo los investigadores), fue
muy popular en los años 20-30 del siglo pasado.

En Valverde de los Arroyos y Almiruete, 2 equipos trataban de
introducir la bola en un único hoyo, de 20 cms diametro. En
Albendiego, no habia hoyo y los equipos trataban de llevar la bola
un punto prefijado con el menor número de golpes posibles.

La bola era de cepa de brezo, de unos 7 cms de diámetro, y el
cayado sustituido por un garrote de recuerda al stick del hockey. Si
no habia bola se improvisaba con un bote lleno de piedrecillas al
que, a base de golpes, se le intentaba dar forma redondeada.

El número de jugadores por equipo era variable y la partida
acababa cuando se llegaba un tanteo prefijado; cada emboque era

un punto. Cuando un equipo atacaba, el otro defendía hasta arrebatarle la bola y asi comenzar su ataque.

A veces, cuando habia pocos jugadores, uno defendia el hoyo y los demás atacaban. El defensor dejaba de serlo cuando con su palo le quitaba la bola a un atacante. Entonces se invertían los papeles.

Otros juegos serranos desaparecidos

- El chito, que recibe diferentes nombres (tanguilla, galiche, tango, tejo, lita, tanga, ...) según el pueblo serrano.

  De posible origen prehistórico, es el único de admite dinero para jugar y aún se sigue practicando en muchos lugares de Castilla, Andalucía, Canarias, ... En la Sierra Norte desapareció con la despoblación.

- El hinque, un objeto afilado que se hincaba en un rectángulo compuesto de varios más. Sus reglas variaban según región, lugar, ... Practicado por los niños en todo el país.

- El borreguero, con cierto parecido a la petanca y autóctono de Valverde de los Arroyos. Consistía en colocar en el suelo, pina, una piedra alargada (hito).

  Desde una distancia acordada, cada jugador debían tiraba una piedra lo más próxima posible. Terminada la tirada, se medían las distancias y ganaba quien más se hubiera aproximado al hito.

La ausencia de niños y jóvenes de nuestros pueblos debido a de despoblación, acabó con estos juegos.

Fuentes: José Mª Alonso Gordo, José Antonio Alonso Ramos, José Fernando Benito Benito, Raúl Conde Suárez, Octavio Mínguez Mínguez.

Apodos, gentilicios y seudo-gentilicios en la Transierra

La costumbre de poner al recién nacido el nombre del santo del día estuvo muy arraigada en la Sierra Norte Esto explica que en nuestros pueblos existieran Cayos, Avelinas, Eustaquias, Egmidios, Faustinos, … Hubo quien eligió esta misma fecha para la boda y así cumpleaños, santo y aniversario se celebraban el mismo día.

Resulta llamativo el caso de Puebla de Valles, donde se conocen más de 20 personas en los que el nombre por el que eran conocidas no coincidía con el que figuraba en el Registro Civil: Basilisa y Ladislá, Rufino y Tomás, Francisca y Flora, Vicente y Julián, …

La inscripción se hacía en el ayuntamiento y en la iglesia. En el bautizo, el nombre del bebé lo sugería el padrino, que asumía la responsabilidad y el coste del evento. Como el bautizo se celebraba semanas después, a veces los nombres no coincidían.

Lo curioso es que no se descubría hasta que era preciso algun documento oficial. Asi le ocurrió a una moza casadera, cuando pidió su partida de nacimiento al registro para la boda. Y a un mozo, que fue dado por prófugo al no presentarse a la mili.

Sin embargo en los pueblos serranos a los vecinos se les conoce (todavía) más por el apodo que por el nombre. Según de RAE, apodo es "el nombre que suele darse a una persona, tomado de sus defectos corporales o de alguna otra circunstancia conocida."

Aún hoy es frecuente que el(la) cartero(a), los primeros días de reparto realice su primera parada en el bar del pueblo, para que camarero y clientes le informen de quien es y donde vive el receptor del envío. Casos se han dado de devoluciones porque "nadie del pueblo le conoce" … por el nombre.

Algo parecido ocurre con los gentilicios y los "seudo-gentilicios". Los habitantes del pueblo reciben un nombre derivado del nombre del pueblo mediante sufijos y/o prefijos.

Según Camilo José Cela, "seudo-gentilicio" es el apodo que se aplican mutuamente los habitantes de pueblos vecinos. En su formación intervienen el ingenio popular, argumentos históricos y la idiosincrasia de cada lugar.

En algunos pueblos el "seudo-gentilicio" sustituyó al gentilicio, siendo la única designación de los habitantes del pueblo. Conocemos los referidos a los pueblos de la Transierra :

Almiruete: almirueteños
* Guirrucho, llamados así por los de Palancares. Los almirueteños llaman guirruchos a las piedras pequeñas que sirven para acuñar las piedras grandes en construcción.
* Del praete: así los llaman los de Tamajón, porque en vez de decir prado dicen praete.

Alpedrete de la Sierra: alpedreteros
* Garuchos: Sus vecinos de Valdepeñas de la Sierra y de Tortuero les llaman así.

Beleña de Sorbe: beleñero
* Rapabolsas: (sin dinero) información de Fuencemillán
* Colodros: (tacaños) les llaman los de Aleas y Fuencemillán, por ariscos y antipáticos.
* Belitres: según los de Torrebeleña
* Zaranda: según los de Aleas.

La Mierla: mierlero
* Mielero
* Mirlos: según los de Puebla de Valles y Beleña de Sorbe

Muriel: murielero
* Belitres: les llaman los de Beleña de Sorbe
* Andarrios: desde Tamajón, la Mierla, Cogolludo y Fuencemillán

Puebla de Valles: poblacho
* Coloraos: desde todos los pueblos vecinos, por lo rojo de terreros y las cárcavas.
* Almagreños: se desconoce origen.

Retiendas: retendiero
  - Conejos: les llaman desde todos los pueblos vecinos
  - Franceses: en tono ofensivo, porque según dicen su habla
    es muy peculiar y solo se entienden entre ellos.

Tamajón: tamajonero,
  - Tamayo (reciente por la pretendida identificación con
    Tamaya, la ciudad que los judíos fundaron cuando la
    diáspora en el año 70 d.c., después de la destrucción del
    templo por los romanos).
  - Agalloneros: les llaman los serranos.
  - Chulos: en tono ofensivo, según los de Palancares.

Tortuero: tortolacho, tortolillo
  - Tortillo: en tono ofensivo, información de Valdepeñas de
    la Sierra.
  - Chulo: fanfarrón en tono ofensivo, según Valdesotos.

Valdepeñas de la Sierra: valdepeñero.
  - Cucharreno les llaman desde todos los pueblos vecinos.

Valdesotos: valdesotero
  - Cuco: asi les llaman desde los pueblos vecinos, porque la
    gente se escondía en sus casas cuando llegaba un forastero
  - Culo roto: por la rima, información de Tortuero.

La mayoria de estos seudo-gentilicioss han caido en desuso (no
todos), aunque han coexistido durante siglos junto a los gentilicios,
ya que añadían una nota distintiva que identificaba a sus
habitantes.

Pero todavía se oyen en los bares de los pueblos de de Transierra

Fuentes: Camilo José Cela, María del Pilar Cruz

El oficio de sacristán

Cuidador de la iglesia y de su contenido, el empleo de sacristán es muy antiguo, pero no fue reconocido hasta el siglo XIII. El papa Gregorio IX en su escrito "De officio sacristæ" lo llama oficio honroso y remunerado; más tarde definió sus funciones en las catedrales y prescribió que fuera un sacerdote.

En los pueblos pequeños, el sacristán era laico y entre sus funciones estaba tocar las campanas a oficios y a diario: toque de angelus a las 12 y las ánimas al caer la tarde. Y cuando era preciso: a fiesta, concejo, fuego, desastres, ... En algunos pueblos serranos intentaba romper las nubes en verano con fuertes repiques, para evitar el granizo.

Según el Catastro del Marques de la Ensenada, en la Sierra Norte había 18 pueblos con sacristan, entre ellos algunos lugares que hoy están abandonados o en alto riesgo de abandono, como Hijes y Cañamares.

El sacristan asistía al cura en todo lo que necesitara, ayudaba en las misas cantadas y tocaba el órgano, si lo había.

El órgano de tubos nació en el siglo XIV y su uso se extendió a catedrales, como la de Sigüenza, que a finales del siglo XV tenía 3. Pero no se configuró con trompetería exterior como lo conocemos hoy, hasta el último tercio del XVII.

Es el "órgano barroco castellano" cuyo uso se popularizó en las iglesias de todo el país y llegó a la Sierra Norte. El de La Mierla fue construido por Alejo Albert (como los de Cogolludo, Hijes, Atienza ...). Se conserva la escritura del encargo, firmada en Cogolludo el 19 abril 1.682, donde se fija precio (2.500 reales de vellón) y caraterísticas: estética medieval, algo anticuada para la época, sin registros solistas y con trompetas en posición vertical.

En el siglo XVIII se extendieron por los pueblos cuyo poderío se lo permitía. El órgano de Puebla de Valles data de 1.773, construido por Jose Berdalonga (padre), autor al menos de 7 órganos en la provincia de Guadalajara. Modesto pero con 3 registros de lengüeta, su caja resulta elegante gracias al jaspeado y dorado de las molduras. Pasa por ser el prototipo de órgano construido por Berdalonga, patriarca de una familia de luthiers de prestigio.

Carcasa del órgano de Puebla de Valles

El sacristan también actuaba como secretario del Concejo, escribano y maestro, ya que sabía leer y escribir. En unos pueblos su salario lo pagaba el Concejo, en otros una iguala de los vecinos. La mayoría de las veces se conformaba con donativos de los fieles.

Según refleja el Catastro del Marqués de la Ensenada (año 1.752), su sueldo oscilaba entre los 365 reales que cobraba en Tortuero (a tiempo parcial) hasta los 1.500 en Puebla de Valles (dedicación completa). En Tamajón ejercía además como maestro de primeras letras y de escuela, cobrando de los padres de los niños 1.000 reales al año.

El oficio desapareció con la guerra (in)civil ... al igual que la mayoría de los órganos. En algunos pueblos, durante la contienda se fundieron las trompetas de plomo para fabricar balas.

¡Que paradoja! Instrumentos de música convertidos en material de guerra.

De casas, corrales y otras construcciones serranas

A lo largo de la Historia, cada pueblo ha construido con los materiales que daba la tierra donde se asentaba. Por razones de proximidad, eficiencia y coste.

En la Sierra Norte de Guadalajara abundan las pizarras, calizas, cuarcitas, gneis, areniscas, conglomerados, cantos rodados (gorrones), ... y arcillas (rojizas, ocres, terrosas, ...)

Su distribución geográfica explica por si sola la existencia de <u>pueblos negros</u> (construidos con pizarras), <u>dorados</u> (con genis, rica en mica), <u>colorados</u> (gorrones y arcillas rojizas), ... que se mimetizan con el paisaje.

Incluso muestran por qué en el valle del Jaramilla los pueblos negros son totalmente de pizarra y al otro lado del Pico Ocejón, los muros de cuarcita y de pizarra solo los tejados.

Los ayuntamientos de la Sierra del Ocejón llevan años intentando conservar las construcciones tradicionales de pizarra. Campillo de Ranas fue el pionero en crear un Plan Urbanistico que obliga a construir con pizarra y mantener la morfología de las construcciones antiguas. En el 2.009 Majaelrayo y Valverde de los Arroyos se le unieron y acordaron una normativa conjunta.

Así se mantiene la fisonomía de los pueblos, sin renunciar a su personalidad. A modo de ejemplo, Valverde mantendrá (y potenciará) sus balcones de madera en fachadas. Gracias a esta normativa los modos de construcción en pizarra no se han perdido.

Algunos pueblos dorados (Las Navas de Jadraque, Bustares, Villares de Jadraque, ...) están haciendo grandes esfuerzos por conservar la fisonomia de su casco urbano (iglesia, plaza, calles, ...) y de las construcciones de su término: corrales, tainas y puentes (preciosos los del rio Cristobal).

Hace unos años el Ayuntamiento de Puebla de Valles bonificaba el IBI en un porcentaje, si las fachadas se pintaba del color de las cárcavas. Tuvo cierto éxito y esto permitió conservar (parcialmente) la fisonomía de "pueblo colorao".

Los tejados, tabiques y suelos estaban soportados por vigas de madera, del tipo que abundaban en la zona: roble, fresno, enebro, pino, ... Bajo cubierta ramas de árboles de hoja perenne y retamas para aislar la casa del frío.

Pero la construcción con piedra es muy dura, costosa y lenta; además la piedra es fría y tarda mucho en calentarse. Por eso en la mayoria de los pueblos serranos los tabiques interiores eran de adobe.

En los pueblos más meridionales (Transierra) el primer piso ya se construía en adobe, incluso la fachada, combinado con madera. Así se aligeraba el peso y se reducían tiempos y costes. De ahi su importancia.

Haciendo adobes

La abundancia de barro explica que el adobe sea uno de los materiales más utilizados por todas las civilizaciones. La ciudad más antigua del mundo, Catalhöyük, del año 7.000 a.c., estaba construida con adobe.

En la Sierra, terminados los trabajos de trilla, y antes de la vendimia, se hacían los adobes para reparar corrales y casas, aprovechando el calor del verano. Para ello se mezclaba barro arcilloso con paja, batiéndolo bien con una caballería y/o con los pies descalzos hasta conseguir una masa homogénea.

Luego se rellenaba un molde para obtener adobes rectangulares (como los ladrillos actuales, pero algo más pequeños), que se ponían a secar al sol. Se amontonaban a pie de obra esperando el momento oportuno (antes de las lluvias) para las reparaciones.

El procedimiento para hacer adobes ha sido siempre parecido y no requiere especialización, de ahi que estuviese tan extendido. En el Puebla de Valles existe el Barranco de los Adobes, de donde se extraía la arcilla.

Lo que lo hace diferente en los pueblos de La Transierra es la calidad del barro (arcilloso, muy consistente) y su abundancia, por lo que muchas veces el adobe se hacía junto al corral/taina a reparar.

El estado ruinoso de corrales, tainas y casas permite en l actualidad vislumbrar los tabiques de adobe. En los pueblos coloraos (Puebla de Valles, La Mierla, Retiendas, ,,,) aún se conservan fachadas de madera y adobe combinados, a partir del primer piso.

La tecnologia y el progreso terminaron con este trabajo.

Ladrillos y ladrilleros ambulantes

De la evolución natural del adobe surgió el ladrillo. Las inclemencias del tiempo diluían y agrietaban la arcilla; cada año las construcciones de adobe requerían reparaciones ... A veces se detectaba la necesidad justo cuando llegaba el mal tiempo.

Por ello y para aumentar su consistencia, los sumerios cocieron los adobes en hornos y con ellos reforzaron sus murallas exteriores. Los árabes siguieron utilizando la paja como aglutinador (se quemaba) aunque luego desapareció y surgieron los ladrillos tal y como los conocemos hoy.

En la Sierra Norte, hasta bien avanzado el siglo XX, el ladrillo fue poco utilizado, por lo que no hubo empresas ladrilleras. Salvo una, que se recuerda junto a la laguna Cantarranas de Tamajón. Funcionaba todo el año y tambien se dedicaba a la teja. Se creó en 1.940 y fue abandonada 12 años después; las ruinas de nave y casa aún son visibles.

Si existieron ladrilleros ambulantes, que recorrían los pueblos, ofreciendo sus servicios. Buscaban un lugar apropiado (con arcilla, agua y bien comunicado) y allí se instalaban con la autorización (y abono del canon correspondiente) del Concejo, construyendo su propio horno.

En el barranco del Tejar en Puebla de Valles, se montaba uno que dejó de venir antes de la guerra. Aun se observan la explanada donde se secaban los ladrillos (y tejas) así como los cortados de donde de cortaba la arcilla.

En la provincia de Guadalajara hay tradición alfarera y tejera ambulantes. El tejero ofrecia al Concejo instalar su tejar en el término, cobrando "x" reales por cada teja y cediendo un número de unidades en cada hornada al municipio.

Asi actuaba el Sr Valentin y sus hijos, tejeros de Cerezo de Mohernando, que en los primeros años de la posguerra recorria la Transierra.

Buscaban un sitio con buena arcilla, agua abundante y bien comunicado para instalar el chozo y el horno. Como el Navajo de las Casas (Puebla de Valles) y el Charco de los Adobes (Valdepeñas).

Obtenida la arcilla, se mezclaba con agua y el barro se batía con caballerías. Con un molde (galápago) hacían las tejas, que ponían a secar en el tendedero hasta tener suficientes para una hornada (entre 1.000 y 1.500 unidades).

Construían el horno aprovechando un desnivel del terreno. Utilizaban jara por su alto poder calorífico, que los chicos del pueblo recogían en haces y vendían al tejero por unas perras. La cocción duraba 24 horas, luego se dejaba enfriar varios días antes de sacar las tejas, que se apilaban para su venta a los vecinos de pueblos próximos.

La fabricación era artesanal: la marca de sus dedos y las imperfecciones se ven a simple vista; algunas llevan la marca del fabricante. La finura de un tejero se medía por la dureza de sus tejas y del mismo grosor.

Y el Sr Valentín era bueno: sus tejas aún cubren muchas casas de la Transierra. Se recuerdan otros tejeros más antiguos, como el que se instalaba en Valdeherrás, en la dehesa de Puebla de Valles.

Sin embargo en 1.744 está documentado un tejar en Tamajón, de forma cuadrada y 32 pies de fondo, situado en el pago de la Hoz (a mano izquierda de carretera de Muriel), a ¼ de legua del pueblo.

Según cuentan, tejeros ambulantes se instalaron en las proximidades del rio Cristóbal (entre Villares y Zarzuela de

Jadraque), con tanto éxito que acabaron por asentarse definitivamente.

Dicen que son los responsables de que a apartir del siglo XIX, en los "pueblos dorados" los tejados se equipasen con teja árabe en vez de pizarra. La razón ultima, posiblemente, fue la escasez de pizarra en la zona y el menor precio de la teja.

Lo que hoy llamamos "Arquitectura seca" ...

... Es una técnica ancestral que tiene su origen en el Neolítico, cuando el hombre domesticó a los animales y necesitó corrales y refugios para el ganado.

Consite en apilar piedras sin argamasa para construir muros, cercas, chozos, ... en el lugar donde se requerían, con los materiales que tenían a mano: caliza, pizarra, gneis, ... Una técnica que parece sencilla pero que requiere aprendizaje y experiencia.

El faro de Lobosito; al fondo La Vereda

Antaño los serranos dominaban esta técnica y la aplicaron a menudo: era el modo más barato de construcción, no exigía continuidad (la obra se podia parar y continuarla luego, cuando conviniese), no requería ayuda externa, era duradera, ... pero requería sapiencia. No es fácil apilar piedras de distinta forma y tamaño, en altura y que no se derrumbe.

Asi puede observarse en los majanos, faros para los pastores, de forma cónica y hasta 2,5 mts de altura, situados en la cresta de la montaña y que debían mantenerse en pie a pesar de vientos, hielos, lluvias y nieves.

En la Loma de Lobosito, camino de La Vereda hay uno espectacular, visible desde la pista. En el cerro del Castillo (Tortuero) hay otro. Ambos visibles a larga distancia.

Hay bellísismos puentes de pizarra. Algunos son simples lajas apoyadas en dos pilares sin argamasa; en otros las lajas de pizarra, contrapeadas están soportadas por dos varales de madera. Son visibles en Cantalojas, Villares de Jadraque, Valverde, Majaelrayo, La Vereda, ...

Los corrales se construían en lugares próximos al agua, en ladera, aprovechando el desnivel del terreno (ovejas y cabras no suben). Se buscaba la existencia de árboles y su tamaño era el justo para que los animales estuvieran más juntos (asi combatian mejor el frío) y como defensa ante el lobo (el último fue visto en 1.967).

Nos cuentan que desde siempre los corrales se construían asi: por tramos, alternando muro con lajas en vertical. Muros de menos de 1 metro de altura, hechos con con guijarros amontonados formando la pared (especie de sillarejo), y separados del siguiente tramo por grandes lajas en vertical que simulan puertas de acceso.

Y en realidad pueden serlo, basta con moverlas, lo que da una enorme flexibilidad al pastor.

La distancia entre tramos, así como la altura y los materiales, dependen de la zona de la Sierra donde esté ubicada: guijarros y lajas son de caliza en los pueblos del Altorey y de pizarra en la Sierra del Ocejón.

En Villares de Jadraque, los corrales tienen forma curva (visibles a ambos lados de la carretera que va a Zarzuela de Jadraque).

No obstante en cada pueblo, incluso en cada terreno el ganadero modifica la tapia según conviene y la convierte en única ... a pesar de su aspecto vulgar.

Algunos autores sostienen que su origen data de la Prehistoria; por eso les llaman muros megalíticos. La despoblación, el abandono de los campos y de la ganadería han terminado con esta tradición milenaria.

Corral megalitico

Refugios de pastores salpican nuestra Sierra, sencillos pero muy útiles. Mención aparte merecen los chozos, por su figura armoniosa. Hoy están casi todos en ruinas, salvo alguno construido a conciencia en 1.961 en Valdepinillos por Jose Maria Alonso Noguerales, que lo mantiene impecable (gracias amigo)

El "arte de construcción de la piedra seca" es una técnica ancestral presente en las zonas rurales de Francia, Croacia, Grecia, Italia, Eslovenia, Chipre, Suiza, ... y España (en 12 CCAA´s, entre ellas Castilla La Mancha).

De su importancia da fé La Unesco, que la ha incluido en la Lista del Patrimonio Cultural Inmaterial de la Humanidad.

Los oficios de construcción en villas y ciudades ...

... tales como :

- Alcaller (ladrillos, baldosas y azulejos),
- arenero (arena para las obras),
- cabestrero (maromas, cabestrantes y gruas),
- empedrador (pavimentaba calles),
- ...

han desaparecido.

Había pocas villas con suficiente potencial para que estos artesanos pudieran sobrevivir todo el año (Sigúenza, Jadraque, Cogolludo, Atienza, ...)

Puentes como los de antaño

Debido a su orografía, la Sierra Norte posee numerosos puentes, algunos de gran belleza. Los hay de origen árabe (Beleña de Sorbe), Románicos (Valdesotos sobre el Jarama), medievales (Puentes del Cristobal en Las Navas de Jadraque), del siglo XVI (El Vado), modernos (del Culebro sobre el Sorbe), ...

Los tenemos de fábrica, con sillares, arco central sobre el cauce, barandillas, ... Construidos en pizarra (puente del arroyo de la Venta en el camino de los franceses), de gneis (puente del Cristobal en Villares de Jadraque), de caliza (puente del Cañamares), ...

Algunos muy singulares (Tortuero, por su pilar en medio) , irregulares (achatado, el puente de la Vega en Villares de Jadraque), ... Pero son los menos.

Muchos puentes se construían con recios pilares en cada orilla, sin barandilla, y troncos cruzados como suelo. Así está documentados el "entablado del puente de El Vado en 1.598 y la posterior colocación de barandilla en 1.611.

Hoy se conservan algunos, en un estado lamentable (puente del Sonsaz en Robledo la Mata) que están pidiendo a gritos su restauración.

A veces el suelo se realizaba con lo que había a mano y/o parecía más adecuado. El puente de los trillos en Matallana, y el puente de Bonaval, con traviesas de ferrocarril procedentes del tendido de las vagonetas del Vado (una roca en medio del cauce del Jarama sirve de pilar de apoyo) sirven de ejemplo.

Pero la mayoria de los puentes de la Sierra eran "vecinales". Responden a un concepto:

> "Puente construido y mantenido por los vecinos, sin intervención de ingenieros y/o maestros de obras".

Son dignos de admiración por su eficiencia, sencillez, y belleza. Cada uno tiene personalidad propia.

El suelo podía ser de troncos , laja de pizarra (Arroyo Vallosera) ó lajas superpuestas (arroyo Sacendocillo), con o sin pilar en medio (Lillas en Cantalojas), ... según la anchura del cauce.

Los vecinos, reunidos en Concejo, decidían dónde y cuándo se construía el puente. Para ello convocaban hacendera y cada uno aportaba lo mejor de su casa: materiales, caballerías para transportarlos materiales, experiencia, herramientas, mano de obra, ...

Eficientes, sencillos, integrados en el entorno, bellos, fáciles de construir y a bajo coste. De formas y materiales diferentes (de pizarra, gneis, caliza, ...), algunos datan de la Edad Media y otros de los años 50, ... pero todos responden a estos cánones.

Puente sobre el río Lillas (Cantalojas)

Para su mantenimiento, igualmente el Concejo convocaba hacendera a la que acudia todo el pueblo. A veces cuando el puente afectaba a varios municipios, los alcaldes respectivos acordaban medios, fecha y personal necesario para el arreglo pertinente. Asi los puentes estaban siempre en buen estado ...

No como ahora. Hay muchos en ruinas, otros han desaparecido por falta de uso y/o mantenimiento.

Y es que "la autorización para la restauración/instalación del puente sobre río/arroyo depende de la Confederación Hidrográfica del Tajo. Su aprobación se basa en el cumplimiento de un estricto protocolo referente a medidas, barandillas, tipología, ... en pos de evitar accidentes a los caminantes que lo crucen."

En realidad la Administración pretende cubrirse ante eventuales responsabilidades, que podrían derivarse de la caida por accidente de un turista.

"El siguiente paso es conseguir partida presupuestaria, pedir al menos tres presupuestos, adjudicarlo a una empresa y realizarlo meses después, ... a un precio superior al acordado.

Si además está dentro de los límites del Parque Natural, el tema se complica aún más"

De la "integración en el entorno y belleza" de estos puentes modernos hay muchos ejemplos. Valgan estos dos, uno en el Hayedo de Tejera Negra y otro sobre el Jaramilla, en el camino del Corralejos.

Algunos ayuntamientos han decidido arreglar por su cuenta y riesgo puentes de su término, siguiendo los cánones tradicionales, con el apoyo de Asociaciones y vecinos.

Hasta ahora la Confederación no se ha dado por enterada, ... quizás porque no tiene medios ni presupuesto para vigilar, y mucho menos para construirlos y/o mantenerlos. ...

... O quizás por vergüenza.

El lañero

La Transierra (zona más meridional de la Sierra Norte) es tierra de olivos y de aceite, de viñas y de vino. En Cogolludo y su área de influencia abundaban las vides y el vino, asi como en otros pueblos serranos donde el clima lo permitía. Los cereales, mejor o peor, se daban en casi toda la Serranía.

Cereales, aceite y vino se almacenaban en grandes tinajas, de hasta 20-30 arrobas (1 arroba = 16 litros), ubicadas en los setiles de bodegas bajo tierra (que mantienen una temperatura casi constante) y fijadas en vertical a la tierra. Un agujero a 30/40 cms del suelo y una cánula permitían extraer el contenido sin impurezas y según necesidades.

El tamaño de la tinaja, boca, agujero y cánula venían dados por el producto almacenado, la bodega y las posibilidades de la familia. Porque el precio de una tinaja era alto, el plazo de entrega superior a un año y solo se hacían por encargo, ya que el proceso de fabricación era complejo y largo (9 meses).

Se extraía arcilla limpia y se mezclaba con agua y arena hasta formar una masa lisa y firme. Aireada y molida, con un rodillo de piedra movido por ua caballería, se llevaba a un pilón donde era empapada y batida a mano por el tinajero hasta conseguir una pasta uniforme. Luego se extendía sobre tablones y se dejaba reposar hasta el dia siguiente.

El tinajero trabajaba la arcilla con sus pies y comenzaba por dar forma a la base de la tinaja. Se unían rollos de arcilla, unos sobre otros, desde la base y tratándo que la junta entre ellos fuese perfecta. Terminada la tinaja, se la dejaba reposar durante varios dias hasta que estaba totalmente seca.

Después se ponía al sol unos dias, antes de meterla en el horno, donde cocería durante una semana. Con el horno frío (del todo) se extraía la tinaja y ya estaba lista para su envío al cliente.

En carro y bien protegida, el tinajero solía entregarla en mano. Algunas, por tamaño requeran hasta 20 hombres para moverla.

Málaga del Fresno y Cifuentes eran centros tinajeros próximos a la Sierra Norte. Las tinajas cifontinas eran muy apreciadas, por su sobriedad, elegancia arcaica y por su calidad. Pero sobre todo por su decoración: ondas, motivos vegetales en forma de peine, cordones hechos con los dedos, sello, firma y hasta dedicatoria.

Las tinajas, de color negruzco, sobrecocidas, ofrecían mayor dureza para evitar que se resquebrajasen con la fermentación del mosto y/o con los golpes. Pero no siempre ocurría asi.

Era el momento del lañero, que compaginaba el oficio con la reparación de utensilios de metal.

El lañero, si datar, anonimo.

El lañero venía al pueblo al menos una vez al año. Llegaba al pueblo en una caballería y se anunciaba en la plaza dando voces: "el lañero, ha llegado el lañero".

Pocas, ya que enseguida todo el pueblo sabía de su presencia. Los vecinos y vecinas acudían a la plaza con lebrillos, cubos, barreños, cazuelas, cántaros, tinajas y encargos de piezas mayores (tinajas de las bodegas).

Unas herramientas rudimentarias pero eficaces, un banquillo y un cubo con carbón eran suficiente para desempeñar su trabajo. Las lañas eran unas grapas que se ponían en las cerámicas resquebrajadas.

Con un berbiquí y mucho cuidado hacía 2 agujeritos por fuera, donde metía las patillas de la laña, y las ajustaba con precisión dando golpecitos con un martillo pequeño. Por dentro le ponía una pasta inodora y misteriosa que cerraba la raja y/o el agujero.

A lo largo del día entregaba el trabajo, insistiendo en que al menos durante un par de días no utilizaran el cacharro reparado. El precio desde luego era muy inferior a la compra de un utensilio nuevo. De ahi la necesidad de aprovechar lo usado y la aparición de estos artesanos de la austeridad.

En contraposición a la cultura actual de usar y tirar-

De colmenas y miel

Desde tiempos prehistóricos el hombre ha usado la miel para endulzar, beber y también como alimento. Los egipcios la ofrecían a los dioses (hay tarros de hace 33 siglos).

La suegra romana dejaba a la puerta de la alcoba de su hija recién casada, un tarro de miel cada noche durante toda una luna. De ahi proviene "luna de miel".

En los pueblos de la Sierra Norte siempre se utilizó la miel para consumo propio (el azúcar no se popularizó hasta finales del siglo XIX).

De su importancia da cuenta el Catastro del Marqués de la Ensenada (año 1.752), que detalla más de 1.200 colmenas en la Transierra. Había pueblos con 50 (Tortuero) y otros con 269 (Beleña de Sorbe), con algunos vecinos que se dedicaban al oficio de la miel (colmeneros, con más de 50 colmenas).

Por lo general, cada familia tenía colmenas (de 2 a 4), fijas en un lugar, de tronco hueco de chopo, olmo,... según la zona con una laja de pizarra encima (de origen romano). Se cataban 2/3 veces al año (finales primavera, verano y otoño).

Los colmeneros usaban este tipo y las colmenas de carpintero (movilistas), si las trasladaban de un lugar a otro durante el año, en trashumancia, para aprovechar lo mejor de la floración.

De la importancia del oficio sea muestra esta coplilla de colmeneros, que se cantaba cuando se disponían a recoger la miel:

El sacristán ha muerto
no hay quien le toque,
y la pobre sacristana
sube a la torre

Por cada campanada
daba un suspiro.
Y decía, esto va por el alma
de mi marido

Ah, hijas, hijas (bis)
Subid a hacer miel (bis)

Se acompañaba al ritmo del golpeo de la colmena con dos piedras, que servía para que saliesen las abejas. Se transmitía oralmente de padres a hijos, mientras les enseñaban el oficio.

La colmenas producía entre 6 y 8 kilos de miel por cata. Su excelente capacidad de conservación (hasta 2 años sin perder sabor ó textura a temperatura ambiente) permitía cambiar los excedentes en pueblos vecinos por queso, garbanzos, ...

Dependiendo de la zona se obtenía miel de espliego (15% polen), de romero (15%), de cantueso, de bellota (roble y encina) y de mil flores (tomillo, mejorana, romero). La miel de la Sierra Norte se carateriza por ser menos dulce que alcarreña.

El polen de jara, recogido en las colmenas, era muy apreciado. La cera se retiraba una vez al año para consumo propio, si bien los excedentes se vendían y/o se cedían a la iglesia.

Con la despoblación y el progreso, el número de colmenas fue disminuyendo, si bien cada familia conservó alguna que han ido desapareciendo poco a poco. La peste del nosema y la Varroa (parásitos externos) terminaron con esta tradición.

Solo quedan algunos apicultores que mantienen las colmenas, más por vocación que por negocio.

Aunque la miel de calidad y a precio justo (la importada de china a bajo precio es de baja calidad) tiene futuro, el negocio resulta poco atractivo. Se requieren de 250 a 300 colmenas para que sea rentable.

Fuentes: Marta Alvarez y Rafael Sanchez- Grande, Sinforiano García Sanz

Los trabajos de la lana

La Sierra Norte de Guadalajara, desde los albores del siglo XII ha sido tierra ganadera. Los rebaños de cabras y ovejas poblaban montes y dehesas, proporcionando chotos (cabritos y corderos), leche y carne. Sus quesos y pieles se vendían a buen precio.

Pero la oveja además daba lana, muy valorada en la Edad Media. A partir del siglo XIV predominó la oveja, por influencia de La Mesta y por su mayor rentabilidad. Cuando por lo agreste el terreno no era propicio, su lugar lo ocupaba la cabra.

Conviene recordar que oveja y cabra comen a diferente altura, distinto tipo de planta y de forma diferente. La oveja pace mientras la cabra trisca (come al paso, dando un bocado aquí y allá).

Los trabajos con la lana eran muchos y variados, antes de verla convertida en tejido.

El esquileo

Solía empezar a mediados/finales de primavera, dependiendo del lugar (hay hasta 700 mts de diferencia de altitud entre pueblos serranos). Después de los fríos y antes de la recolección del cereal (trigo, cebeda, ...), para dar tiempo a que la lana creciese de nuevo antes de la llegada del invierno. En La Vereda, por tradición, comenzaba el el 11 de junio, dia de San Benabé.

En Valverde de los Arroyos y otros lugares serranos, el trabajo se realizaba en comandita, con familiares y amigos. Se juntaban varias familias y 6-8 esquiladores. El esquileo se hacía en los corrales y/o en el portal de la casa, si lo habia; previamente se habían trabado las ovejas para que no se moviesen.

Se utilizaban tijeras grandes, de hierro forjado, bien afiladas. Cada esquilador tenía las suyas, a las que ponía una cinta alrededor de los agujeros (ojos) para que la mano sufriese lo menos posible.

El pelado comenzaba por la parte baja de la barriga, haciendo cortes paralelos sobre la lana, apurando hasta la piel pero sin herir a la oveja, y dibujando una especie de concha. A veces los menos expertos hacían sangre.

La lana de cada oveja (vellón) se cogía ordenadamente, envolviéndola sobre sí misma y atada con una greña (hilo de lana sucia). Un esquilador experto tardaba 20 -30 minutos por animal.

En la Sierra Norte se criaban ovejas merinas (de lana blanca y fina) y churras, con la careta negra. En ambas había ovejas blancas (la mayoría) y negras ("cerretudas", de lana más basta y larga, con muchas greñas).

La lana blanca era muy apreciada porque se podía limpiar y blanquear con greda (tierra arcillosa), así como teñir. La negra se usaba para pantalones, uniformes y sotanas, siendo de inferior precio por su menor utilidad.

El esquileo era sinónimo de fiesta en el pueblo. A primera hora los esquiladores (y acompañantes) tomaban una copa de aguardiente y unos bollos. El almuerzo a media mañana era variado: chorizos, lomos y torreznos, migas tradicionales o de pastor (con leche añadida una vez hechas).

A mediodía la comida era un guiso de patatas, judías o un arroz regadas con vino de la tierra. Por la tarde continuaban el esquileo; asi un dia y otro hasta terminar el trabajo. Los esquiladores de La Vereda, siguiendo una vieja tradición, el primer día comían cocido con lengua de cochino, procedente de la matanza del año anterior.

El baile, al son de laúdes y guitarras, era una buena manera de acabar el día, sobre todo para mozos y mozas; el resto prefería retirarse a recuperar fuerzas para el día siguiente. En esos dias coincidían varios grupos familiares esquilando. De ahí la fiesta.

Para el esquileo de grandes rebaños y/o en trashumancia (pastoreados por los merineros), se contrataba una cuadrilla de esquiladores, mandada por un capataz.

Gente del pueblo o de fuera, experimentada y con un método de trabajo muy estructrado, para que el esquileo del rebaño durase el menor tiempo posible (no más de 5 dias).

El <u>esquilador</u> cuando terminaba con la res, dejaba el vellón al <u>recibidor</u> que lo doblaba y ataba. Luego lo entregaba al <u>vellonero</u> que controlaba cada vellón y lo pasaba al <u>apilador</u> que lo llevaba al almacen.

El <u>barrendero</u> recogia los mechones de lana sueltos (vedijas) que se desprendían del vellón al manipularlo. También había una persona encargada de desinfectar y cauterizar heridas en la piel de la oveja, espolvoreándolas con carbon vegetal molido.

El precio del trabajo se fijaba por oveja esquilada (vellón), más alojamiento y manutención, que corrían por cuenta del contratante: ovejas viejas, vino en abundancia, pan, pimientos picantes, aceite, leña, sal, ... El dia que tocaba esquilar carneros, había ración extra de vino (por la mayor dificultad de la tarea)

Lavado y blanqueo del vellón

Primero la familia lavaba los vellones en un barreño de agua caliente, para que la lana soltara la mugre. Luego se lavaban en la fuente con un chorro de agua corriente y constante; si era posible se llevaba a una reguera o al arroyo. Tras unas horas en remojo, se ponían a secar sobre un muro o una peña próxima, donde permanecían un par de días al sol.

Para grandes volúmenes, la técnica era diferente, suprimiendo el remojo en agua caliente y según dicen, utilizando greda para eliminar impurezas.

Asi en Tamajón, la vieja teneria (siglo XVI) y la fuente nueva (siglo XVIII, junto a la plaza del Coso) se alimentaban del arroyo y disponían de un amplio lavadero. Ambas eran propiedad del Concejo.

Bajo el puente árabe de Beleña aún se conservan unas pozas y canalizaciones junto al Sorbe, conocidas como "el Sayal", si bien su estado es mejorable.

El agua del río era desviada y recorría los diferentes pozos a través de compuertas que permitian, o no, el paso del agua. Las peñas, la abundancia de agua y su cercanía al pueblo justifican su utilidad.

El sayal de Beleña de Sorbe

Las familias metían los vellones no utilizados en sacos grandes hasta que venía el lanero que compraba la lana. Los grandes propietarios enviaban los vellones limpios a centros laneros para su tratamiento y/o exportación a los Paises Bajos.

Pizcar y cardar

La lana se pizcaba, una tarea que consistía en pellizcarla con los dedos para ahuecarla, quitando las impurezas y haciendo pequeñas guedejas (especie de mechón); luego se pasaban 2 veces por las cardas. De 3 tipos, según grosor y longitud de las púas:

- Para emborrar, de púas gordas y separadas
- Para imprimar, de púas finas y apretadas
- Peines de púas largas para las lanas negras

Primero se daban varios pases por las cardas de emborrar (ahuecar la lana) y después se pasaban por las cardas de imprimar para obtener guedejas mas finas. De vez en cuando se untaban con un poco de aceite para que la lana estuviese menos áspera y corriera mejor.

Tras varias cardadas, ya estaba hueca, con las fibras alineadas en forma de finas guedejas que luego se utilizaban para el hilado. Las cardas se manejaban a pares, una en cada mano.

Pero tambien se fijaba una carda sobre un taburete (el "potro") mientras la otra se manejaba con la mano. La sujeción del potro era fundamental. Unas veces se colocaba una piedra sobre las patas del taburete y otras era la cardadora quien lo sujetaba con el pié.

Todo el dia cardando en el potro era como un tormento (¿de ahi el nombre?)

Los peines se usaban para sacar hilos largos (estambres) de la lana negra, más basta y larga, que luego se utilizaban para tejer y zurcir calcetines, pantalones o mantas.

Hilado

Con las guedejas de lana ya cardada, unidas a lo largo pero huecas y sin torcer, se hacía un pequeño ovillo (el copo) que luego se colocaba en la rueca para fabricar el hilo (hilar), con el huso o con el torno.

Se colocaba la rueca con el copo en la cintura y el huso colgando. Enhebrada el comienzo de la lana hilada, en el huso se iba torciendo y afinando con la mano, formando el hilo. Cuando el huso ya llegaba al suelo y había hilo suficiente, se iba enrollando y así se obtenía la husada.

El torno era un aparato de madera que se colocaba sobre un poyo (o banco). Tenía una rueda grande que la hiladora movía con la mano haciéndola girar, mientras también lo hacía el huso colocado en el extremo.

En Valverde de los Arroyos, cortesia J.M. Alonso Gordo

La lana del copo sobre la rueca, con los giros del huso, se iba torciendo y la hiladora lo iba afinando con las manos. Enrollado sobre el huso formaba la husada.

Ovillos y madejas

Con el trenzado de dos hilos de husadas diferentes, en el torno se obtenía un hilo más resistente. Con este hilo se hacía una nueva husada de hilo doble y con el aspa se formaban las madejas. Se sumergían en agua caliente en el caldero de las morcillas, con o sin colorante, (teñidas o no) según su uso posterior.

Con la devanadora se hacian los ovillos definitivos. Los blancos, salvo los reservados para consumo propio, se enviaban a los telares para la confección de prendas.

Tejer a mano

En la Sierra cada familia tejía la mayoria de la ropa de la familia: con cinco agujas hacían un calcetín o si el destino era el telar, una manta, unas alforjas o un tapabocas. La mayoria de nuestros pueblos tenían telar y algunos en abundancia. De los telares salían sacos, talegas, alforjas, mantas de trapos, ... según demanda.

Telares y batanes

Atienza durante el siglo XVI tejia ademas de paños, buratos, delantales, mantas y lienzos que se enviaban a la Corte, desapareciendo esta industria 50 año después.

A mediados del siglo XVIII habia 21 telares que producian 1.000 piezas de tejido ordinario (sayales, paños y bayetas). Años mas tarde se montaron tornos de hilado en las casas para enviar los ovillos a la fábrica de paños de Brihuega

Los mantones de las mujeres y cobijones que usaban los pastores, eran impermeabilizados en el batán a base de mojarlos con agua caliente y fría, golpeandolos con las mazas (se batanaban).

A cambio cogían un peso exagerado que daban sensación de mayor protección contra el viento y la ventisca. El batán de Valverde estaba especializado en este arte.

Los batanes conseguían paños más apretados y finos. De aquí salían mantas de campo, de caballerías, de cama (banquetas), bufandas, etc teniendo justa fama los de Atienza.

Telares industriales

En la Siguenza del siglo XVII, talleres y viviendas se distribuían en el interior de los edificios. Abajo los telares y arriba la vivienda, pequeña y modesta. La cocina y la alcoba conformaban un minimo espacio para alimentarse, descansar y atender a la familia.

Sobre el fogón la olla donde se guisaban unas legumbres, que acompañadas de una hogaza de pan y nueces eran el sustento diario. Las pocas veces que el bolsillo lo permitía, un pedazo pequeño de carnero, un pichón, menudos o trozo de cabeza de oveja o cabra complementaban el guiso.

En los dias de abstinencia, un poco de congrio rancio. Para beber, agua fresca de la fuente de los 3 caños, frente a la Catedral. El propietario de los telares repartía periódicamente 20 arrobas de aceite y 20 de vino por cada dos telares, que tenía la consideración de alimento.

Así, cuando no había otra cosa, las sopas de pan mojado en aceite o en vino, calmaban los duendes del estómago. La alcoba tenía el tamaño justo para que cupiesen un arca de pino donde se guardaba el ajuar casero y 2 jergones de lana, desechada porque no valía para tejer.

En los telares se trabajaba 12 horas diarias, sin apenas descanso con ½ hora para comer y otra media hora cenar al anochecer. Suerte que el gremio no permitía el trabajo nocturno. Sólo en fiestas señaladas, como el Corpus, holgaban. El sonido de los telares marcaba el ritmo diario de la Calle Mayor.

Dos telares por casa y 2 personas (maestro y aprendiz, que solia ser su hijo) por telar, que adoptaban una postura muy incómoda para mover a 4 manos y 4 pies el mecanismo.

Los niños se incorporabn pronto al telar, bajo la vigilancia de los veedores del gremio, que velaban por el cumplimiento del contrato de aprendizaje. Incluía manutención y asistencia sanitaria durante al menos 4 años.

De estos telares se obtenían:

- Tejidos espesos para hacer vestidos de invierno,
- Tejidos pardos y negros para hábitos religiosos,
- Sargas de lana para los lutos,
- Paños de lana fina,
- Cordoncillos para hacer calzas.
- Gran número de bayetas, ya que el gremio exigía a aprendices y oficiles realizar una obra maestra para demostrar su conocimiento del oficio y conceder el grado superior.

  Las bayetas eran baratas y resistentes muy solicitadas por el Concejo para confeccionar uniformes oficiales.

Se potenciaron oficios tales como <u>rastillador</u> (que cardaba el lino y el cáñamo), <u>calcetero</u> (que hacía calzas, medias que cubrían hasta el muslo), <u>mantero</u> (que hacía mantas), <u>bonetero</u> (que hacia bonetes para los clérigos), ...

Lo obtenido en los telares se comercializaba en el mercado local y en las ferias más importantes de la provincia. La fama de los artesanos seguntinos y las facilidades en los primeros años de producción, favorecieron el desarrollo del oficio durante tres siglos.

Lo potenciaron medidas reales, publicadas en 1.784, dirigidas a fomentar el trabajo artesanal y abrir el acceso de la mujer a la actividad tejedora. El rey Carlos III promulgó una Real Cédula en por la que se declaraba

> "a favor de todas las mugeres del reino la facultad de trabajar, tanto en las manufacturas de hilos como en todas las demás artes en que quieren ocuparse y sean

compatibles con el decoro y fuerzas de su sexo, revocando y anulando cualquier ordenanza o disposición que lo prohiba."

Asi la actividad en los telares pasó a ser mayoritariamente femenina, donde las niñas empezaban su aprendizaje desde muy temprana edad, hasta convertirse en excelentes tejedoras. Asi podían dejar las duras tareas del campo.

La Sociedad Económica de Amigos de Sigüenza puso sus esfuerzos en fomentar las manufacturas locales y asi promover el desarrollo económico de la ciudad, con el apoyo del obispado e instituciones.

A finales del siglo XVIII se inició la construcción de la Real Casa de Enseñanza y Misericordia que finalizó a principios del XIX. Alli se instaló un taller con telares para la fabricación de paños y bayetas y se impulsó el desarrollo de la artesanía dedicada al lino, cáñamo y lana.

Las desamortizaciones y los conflictos de un convulso final de siglo acabaron con los telares, que salieron a subasta en 1.911.

Con el paso del tiempo los telares caseros se convirtieron en fábricas de alfombras. Los tejedores de paños y bayetas dejaron paso a dibujantes y anudadoras que diseñaron y tejieron alfombras de excelente calidad. Tanta que dieron fama y prestigio a Sigüenza y hoy decoran salones de palacios, hoteles y catedrales.

Hoy estas tareas son un triste recuerdo. Aunque cueste creerlo, no fueron el progreso ni la tecnologia los que acabaron con las labores manuales de la lana.

Las penurias de la posguerra prolongaron su vida hasta los años 60, ... cuando la despoblación terminó con ellas. Aún se ven prendas de lana hechas a mano.

Fuentes: José María Alonso Gordo, Aurelio García López, Anparo Donderis, hijosdelavereda.blogspot.com/

El oficio de lobero

La conquista del valle del Guadalquivir en el siglo XIII y el apoyo a la ganadería en detrimento de la agricultura, supusieron un incremento espectacular de las cabañas ovina y caprina en el reino de Castilla y dió origen a la trashumancia.

La Mesta, creada por Alfonso X el Sabio en 1.273, regulaba el traslado de rebaños en busca de los mejores pastos por cañadas, veredas y cordeles, atravesando sembrados y dehesas.

Junto a estos caminos surgieron y/o tomaron gran importancia pueblos situados en lugares estratégicos, que se dotaron de descansaderos, corrales, ... y servicios para atender a los rebaños que pasaban por su término. Asi ocurrió en la Sierra Norte: Alpedrete, Tamajón y El Vado valen de ejemplo.

El Vado, hoy pueblo abandonado, está situado junto a la Cañada Real y a orillas del río Jarama, justo donde el cauce tenía escasa profundidad y permitía cruzarlo, salvo cuando las aguas bajaban abundantes ...

Al menos hasta que se construyó el puente, documentado desde el siglo XVI, aunque su origen podría ser anterior. Los pilares en los márgenes eran de mampostería y entre ambos había un entablado de madera, si bien hasta 1.611 no se le puso barandilla.

En 1.373 se constituyó el Señorío de El Vado, incluyendo La Vereda, Matallana, El Cardoso, Colmenar y sus "villorrios", siendo su primer Señor D. Pedro González de Mendoza, padre del Marqués de Santillana.

Por su ubicación y el poderío de la familia Mendoza, El Vado se convirtió en lugar imprescindible para el paso del ganado de La Mesta por la Sierra. Para atender a los rebaños, se dotó de corrales en el "Cruzado de los caminos" que une Matallana con La Vereda y en "el Robledo".

El "Corral Viejo" y el "Corral de la Mesta" pertenecían al Concejo, que sufragaba su mantenimiento (hay partidas de gasto documentadas desde el siglo XVI) y obtenía sustanciosos ingresos.

A veces los rebaños se alojaban durante semanas en la zona y pastoreaban por las estribaciones de La Tornera y el Pico Centenera.

El aumento de ovejas y cabras trajo consigo la proliferación de lobos. Asi ocurrió en la Sierra Norte de Guadalajara, como recoge El Libro de la Montería de Alfonso XI (año 1.351). Puesto que atacaban al ganado, era necesario tenerlos a raya en el territorio para mantener el negocio.

Asi surgió el oficio de lobero. Su trabajo consistía en asegurarse que los lobos dejaban tranquilo al ganado, labor por la que recibían una compensación del Concejo y/o de los vecinos; en algunos lugares los propietarios asumían una derrama para pagar sus servicios.

Desde 1.596 aparecen en los "Libros Municipales de Cuentas del Concejo de El Vado" el gasto de "lobos" o "gasto del lobero" para acabar con estos depredadores en la comarca, ya que su economía se basaba en la presencia de grandes rebaños de cabras y ovejas,

A veces el lobero no era más que un cazador de lobos profesional que los acechaba en el bosque. Ponía trampas, recorría el monte buscando loberas y manadas para exterminarlos, aunque nunca lo conseguía del todo. Para los ganaderos no era más que una alimaña que les perjudicaba y había que eliminar.

Otras veces el lobero era un individuo de aspecto asilvestrado, vestido con pieles lupinas, que según se creía ejercía poder sobre los lobos. Por convivencia con ellos y/o por un artificio mágico, ya que el lobero vivía y era aceptado dentro de la manada, a veces como macho alfa.

Eran itinerantes y recorrían las zonas ganaderas para ejercer su oficio. Para pastores y ganaderos sus poderes y servicios eran muy apreciados, pero en determinadas épocas la Inquisición les persiguió, teniéndolos como siervos del diablo.

Algunos loberos se hacía acompañar de un par de lobos "troquelados". Se presentaba en el pueblo con su aspecto salvaje y sus lobos a pedir refugio para pasar la noche, que no le era negado ... para evitar males mayores,

Luego acudía a los ganaderos y les solicitaba limosna para sus lobos que, una vez saciados dejarían en paz a los rebaños. Asi conseguían una oveja o cabra y se dirigían a una loma donde llevaba a cabo un ritual, musitando palabras extrañas y despedazando la res en 8 trozos, uno por cada punto cardinal, que devoraban los lobos y las otras 4 para el oficiante.

La itinerancia del oficio y la buena acogida de sus servicios dieron lugar a pícaros y farsantes. Hubo algunos que buscaban una lobera, mataban a los progenitores y criaban a los lobeznos como si fueran mascotas (lobos troquelados) para luego vivir como loberos.

Tambien existieron loberos que ejercieron el oficio de forma honesta, ya que cualquier ataque de lobos ponía en duda su eficacia y podían ser denunciados a la Inquisición o simplemente linchados. Estan documentados loberos que se asentaron en una región, encargándose de su protección.

El lobero dejó su huella en leyendas y en la litaratura, siendo citado por los clásicos. Platón, Heródoto, Ovidio, San Jerónimo, Cervantes, Alejandro Dumas, George Sand, ... los mencionan en sus escritos.

El oficio se ejerció hasta el 25 de Marzo del 1.783, cuando Carlos III emitió una cédula real:

> *"En lo respectivo á los que se llaman Saludadores y los Loberos, mando asimismo sean comprehendidos en la clase de los vagos y tratados como tales...".*

Luego fueron los vecinos quienes se ocuparon de mantener a raya a los lobos, de fueron abundantes hasta el siglo XIX, según recoge el Diccionario Madoz(1.850).

A finales del siglo XIX desaparecieron de muchas zonas serranas y solo quedaron algunos ejemplares en reductos inaccesibles, como las estribaciones del Pico de de Centenera y La Tornera. Su piel era muy apreciada; semi-curtida se guardaba en los sobraos hasta que venía el pielero y pagaba un buen precio.

En las estribaciones del Pico del Lobo, sin datar, anónimo

Hasta 1960, cuando se mataba un lobo era habitual entre los vecinos de La Vereda y Matallana recorrer aldeas y pueblos vecino, mostrando un trofeo de la pieza cazada. Recibían como premio huevos, patatas y cereales, ... por "defender" su modo de vida.

El último lobo libre fue visto en 1.967 junto al río Bornova, en Prádena de Atienza. Desde hace unos 5 años hay dos manadas que bajan de Soria, una por la Sierra de Pela y otra por la Sierra de Miedes.

Sin embargo hubo lobos "troquelados" en los años 70, cuando el naturalista Félix Rodriguez de la Fuente utilizó algunos parajes de esta Sierra para rodar su serie "Fauna Iberica" del Hombre y La Tierra.

En la primera etapa en Pelegrina, de 1.974 a 1.977, el cercado de lobos estuvo en el arroyo de Gollorio, sirviendo el "Capitan y la cascada" de límites naturales. Llegó a ver más de 20 ejemplares.

En la segunda etapa en El Vado, de septiembre 1.979 hasta marzo 1.980, loslobos estuvieron en el cauce del "arroyo Vallosera", utilizando la presa de la caz del molino como piscina natural.

Tras la muerte de Félix, sus ayudantes criaron varios lobeznos en un cercado en   una planicie junto al "Vivero" hasta que meses más tarde se dispersaron.

Fuente: http://hijosdelavereda.blogspot.com/

Hablemos de mulos

Desde Grecia, la posesión de mulas era considerada un signo de riqueza y prestigio. En el siglo VII a.c. los griegos criaban mulas para competir en las carreras de carros de los Juegos Olímpicos (ápené). Aún hoy, los señoritos andaluces presumen en la feria de Sevilla de su coche tirado por mulillas.

Hasta el siglo XX las caballerías eran el medio de transporte habitual en la Sierra Norte, un entorno en el que escaseaban los carriles y predominaban los caminos de herradura. Los labradores tenían sus propios animales de carga y algunos también ejercían de arrieros a tiempo parcial.

Asi en el siglo XVIII y según el Catastro del Marqués de de Ensenada, en Muriel había tres arrieros ocasionales que ganaban 200 reales/año cada uno en este menester. Pero también los había que se dedicaban solo a este oficio.

En Alpedrete, el ayuntamiento tenía contratados a 2 arrieros a los que pagaba 400 y 500 reales al año por "viajes de utilidad al municipio". En Valdepeñas el arriero obtenía, con 1 macho y 1 borrico, 1.500 resales al año.

Aunque a finales del siglo XIX se utilizaron en las ciudades para tirar del tranvía, en el mundo rural su uso se limitaba al arado, como animal de carga y para tirar del carro.

Mayo era tiempo de mulas: era el mes en que se echa el macho (burro) a la yegua. O el caballo a la burra, obteniendo mulos burreros, más pequeños pero más resistentes y dóciles.

Tras 9 meses de embarazo nacían los muletos, en marzo, y se destetaban en mayo, comenzando de nuevo el ciclo. Los labradores de los pueblos vecinos acudían a Tamajón y Atienza en mayo para comprar los mulos.

Antes de la guerra venían tratantes de Maranchón y Guadalajara conduciendo la manada como si fueran reses. Un jinete delante, otro detrás y en medio 40-50 mulos de 2-3 años, listos para trabajar. Los muletos, mulos sin domar, iban en medio del grupo.

Recorrían los pueblos de La Sierra vendiendo animales, al contado y a plazos. Solían venir tres veces al año, haciendo el mismo recorrido, pueblo a pueblo. La primera visita en mayo, la siguiente a mitad de verano y la última en octubre. Además de vender, cobraban los plazos pendientes de ventas anteriores.

Cortesia vecinos de Tortuero

La muletá

Un mulo (o mula) estaba listo para trabajar con 3 años, una vez domado; cada casa tenía uno ó dos animales, en el mejor de los casos. Cuando no había labor en su tierra, yunta y hombre se alquilaban para trabajar en otras propiedades.

Lo costoso de su manutención aconsejaba que no estuviesen ociosos; por eso cuando no tiraban del arado, daban vueltas en las almazaras o se utilizaban para carga. Su precio oscilaba según edad (se sabía por la dentadura), alzada, porte, estado, ...

Comprarlo suponía un gran esfuerzo para las familias. Por ello en La Transierra era frecuente que se comprasen muletos de unos pocos meses, que eran un 60% más baratos. Luego eran recriados en cada pueblo, normalmente en comunidad. Era "la muletá"

Se juntaban todos los mulos del pueblo y eran cuidados por un mulero; unas veces mediante un sistema de turnos (Retiendas, Puebla de Valles, ...) y otras por un mulero contratado, como en Valdepeñas de la Sierra.

Cuando no había suficientes animales para la muletá, cada vecino se ocupaba de su muleto y lo sacaba al campo, dejandolo suelto para que se alimentara. Si estaba próximo a un trigal y/o huerto, le ponía bozal. Cuando cumplía 2 años, se domaba ayudando al mulo viejo de la casa, hasta que con 3 años acababa por sustituirlo.

La modernidad y la mecanización han acabado con los mulos y las caballerías en la Sierra Norte, asi como con los oficios y tradiciones asociados: albardero (que hacía albardas para las caballerías de carga), aperador (que hacía carros y carretas), espartero (que hacía serones, espuertas, esteras, ... de esparto), ...

Fuentes: Andrés Pérez Arribas y vecinos de la Sierra

Tiempos de siega y trilla

Parece que fue ayer cuando los hombres salían a segar el trigo y la cebada, comiendo y durmiendo en el tajo durante semanas. Del acarreo de la mies a las eras con caballerías, y de la trilla con pedernal, solo quedan el recuerdo. Cuando terminaban estas tareas en su pueblo, iban "campo arriba" en busca de más faena.

Ahora una cosechadora se encarga de obtener el grano limpio, y luego la empacadora aprieta la paja en alpacas. Todo automatizado y sin riesgo ... eso dicen.

Aunque conducir una máquina de 30 toneladas en una besana sembrada de gorrones y de pendientes imposibles, (superiores al 15%), rodeada de barrancos arcillosos, no es tarea fácil.

La siega

Julio es tiempo de siega. Los serranos sembraban trigo, cebada y centeno; en el llano a manta y en pendiente en surcos. Más para consumo propio que para vender a terceros. Por el tamaño de las besanas esta era una tarea familiar, a veces con la ayuda de jornaleros del pueblo.

La dificultad del terreno y los surcos hacían que el trabajo fuera especialmente duro. Por ello los segadores serranos eran muy apreciados fuera de la comarca. Si el campo estaba lejos (más de una hora a pie), los segadores comían y dormían en el tajo; segaban desde el alba hasta la puesta de sol. El cocido de mediodía y el agua los llevaba un chiquillo en un borrico, además de las viandas para el almuerzo y la cena.

Así hasta que terminaban de siega en ese campo, que podía durar una semana. Durante ese tiempo no se lavaban ni se cambiaban de ropa, por lo que su aspecto, desaliñado y sucio por el polvo y el sudor, empeoraba cada día. La ciencia ha demostrado que esa suciedad actuaba como protector solar y ante los insectos.

Aquí se utilizaba la hoz ancha, "la gallega", con zoqueta de madera para la mano izquierda y dediles para la derecha. En los traslados, el filo de la hoz y el cuerpo del segador se protegían con una tomiza de esparto. Los segadores dejaban los manojos cortados ("puñaos") a ambos lados de la lucha que iban segando ("lucha": lo que abarcaban sus brazos ... o dos surcos).

Luego los atadores iban juntando la mies y con una "tomiza" (cuerda trenzada de esparto) formaban haces de buen tamaño. En campos pequeños, como ocurría en esta Sierra, el atador era uno de lo segadores y/o un jornalero contratado para la ocasión. Ya solo faltaba llevar la mies a la era para trillar.

Agosteros

Era un jornalero contratado para el tiempo de siega Solía recaer en las clases más humildes, aquellos que no tenían tierras propias, o eran tan escasas que se veían obligados a trabajar para otros.

Se le encargaban las tareas más duras: atado de "puñaos" y el acarreo a las muchas eras, dispersas por los alrededores del pueblo y de escaso tamaño. A modo de ejemplo, Puebla de Valles tenía más de 15 situadas en al menos 4 ubicaciones diferentes.

Durante la jornada el agostero hacía de atador, pero al final del dia se convertía en acarreador. Con el sol bien puesto, los haces se cargaban en mulas, sobre unos aparejos en forma de W que permitían gran volumen de mies. Un trabajo que se hacia entre todos y que requería cierta habilidad, ya que por el poco peso y lo accidentado del terreno, la carga podía acabar en el suelo por el bamboleo.

La reata de mulas, guiada por el agostero, se dirigía a la era donde llegaba bien anochecido. Tras descargar, regresaba al tajo; quitaba el aparejo a las caballerías y las trababa en el barbecho. Ahí terminaba su jornada de trabajo, pasadas las once de la noche, que al día siguiente se reanudaba con el amanecer.

Una "enfermedad profesional" del agostero, que se presentaba con cierta frecuencia, era la ceguera temporal, provocada por el exceso de trabajo y el poco descanso. ¡Nadie quería ser agostero!

Campo arriba

A mediados de agosto, terminada la siega en la Transierra, se formaban cuadrillas de 4/5 hombres que subían "campo arriba" en busca de faena. De Puebla de Valles hubo años que salieron 5 cuadrillas (más de 20 hombres, de una población de 350 personas).

Iban a las tierras de Sigüenza, a donde llegaban en tren desde Humanes, y a la zona de Atienza donde aterrizaban en un furgon viejo que salía de Guadalajara. Eran apreciados por su experiencia.

A la plaza mayor (plaza del Trigo en Atienza) acudían segadores y dueños de los campos, identificados por sus alforjas de colores. Tras el regateo, se contrataba la cuadrilla por días (de 8 a 10 , de media) y a sueldo, más cama y comida.

En los años del hambre, 1948 y 1.949, el sueldo era unas 30 pts por segador y día. Se valoraba la calidad del condumio y del vino, aunque no se podía elegir mucho.

Los segadores llevaban su propia zoqueta, hoz y piedra de afilar. Al terminar el campo liquidaban cuentas y se marchaban al siguiente tajo, ajustado antes de acabar en este, ya que se corría la voz entre propietarios.

Años hubo en que subieron hasta la provincia de Soria. Así la temporada duraba hasta 45 días, lo que proporcionaba ingresos extras a las familias, que ayudaban a pasar el invierno.

La trilla

En la Sierra los haces se amontonaban en las eras, empedradas con gorrones y pizarras, hasta que la siega se daba por concluida. La trilla comenzaba extendiendo la mies por toda la superficie de forma homogénea, con una altura no superior a 20 cms.

Al mediodía, cuando apretaba el calor y ya se había evaporado el rocío, comenzaba su trabajo el trillo de pedernal, sobre el que se situaba el hombre y del que tiraba la mula.

*Trillando en Puebla de Valles, años 70, cortesía
Marisa Alonso.*

Dando vueltas de forma sistemática sobre la mies, se conseguía granar el trigo y tronzar la paja. Luego se recogía el resultado en montones a un lado de la era y se volvía a repetir la operación.Ya solo había que esperar un día ventoso para separar el grano de la paja.

Con una pala de madera se lanzaba la mies tronzada contra el viento, cayendo el grano a un lado y la paja a otro. El grano se guardaba en sacos que se subían a las cámaras, mientras que la paja se almacenaba en cuadras y corrales, para alimento y cama del ganado.

Fuente: vecinos de la Transierra

El carboneo

El carbón vegetal es conocido desde la Prehistoria; en el periodo Calcolítico (3.000 a.c.) se usó como combustible en las fundiciones de cobre.

Posiblemente su origen fuera casual, unas ascuas apagadas de una hoguera. Hasta no hace muchos años, en algunas zonas rurales se obtenía este carbón metiendo las ascuas en agua el tiempo suficiente para apagarlas y no ahogarlas.

Es un combustible sólido con alto poder calorífico (3.500-4.500 Kcal/kgs) por su contenido de carbono (98%). De fácil encendido, pesa menos que la leña, deja pocas cenizas y es más facil de transportar. De ahi su éxito.

A partir de la invención del horno en el siglo XV, su uso se fue extendiendo por Europa en la fundición de metales, que alcanzaron gran auge a finales del siglo XVIII.

Las ferrerías de Euskadi se alimentaban con carbón vegetal: cada kilo de hierro necesitaba al menos 5 kgs de carbón vegetal, según decían "porque el carbón de piedra sacaba el hierro muy feo, brincoso y fácil de quebrarse".

Se utilizó para extraer plata a partir del mineral (como en Hiendelaencina). Incluso llegó a usarse como combustible de locomotoras a vapor en Estados Unidos.

En el siglo XVI, con el auge de la Corte, el carbón vegetal se convirtió en el combustible preferido de Madrid, no así en el resto del país. En las Relaciones de Felipe II (año 1.578) se pregunta por la leña; asi sabemos que había pueblos serranos con "tierra abundosa de leña" y algunos "faltos de leña" como Hiendelaencina.

Si bien el "arte de fabricar carbón" ha acompañado a los pueblos desde antaño para combatir el frío, calentar los alimentos y los hornos de las fraguas, su expansión en el siglo XVI se debe a Madrid, cuando empezó a demandar combustible para sus hogares, fábricas y talleres. El carboneo se convirtió en oficio y la carbonera en lugar de trabajo.

La combustión de leña en una atmósfera baja en oxígeno (entre 400-700º) es la base para producir carbón vegetal, al eliminar la humedad y los gases volátiles. De 1.000 kgs se obtenían 400-450 kgs de carbón. Su calidad variaba en función del tipo de leña: encina, roble, castaño, fresno, ...

Las necesidades energéticas de Madrid fueron creciendo y en el siglo XVI, se creó una zona de aprovisionamiento, que abarcaba 55 kms alrededor de la ciudad. Un siglo después la zona se amplió a 110 kms y en el siglo XVIII llegó a los 167 kms.

El Ayuntamiento de Madrid y la Corte pusieron en marcha un sistema que aseguró el suministro a la ciudad y que funcionó bien hasta 1.753. Madrid llegó a consumir 35.000 toneladas/año de carbón, que había que fabricar y transportar.

Asi fue como el carboneo y las carboneras se extendieron por la Sierra Norte, sobre todo enValdepeñas, Valdesotos, Retiendas, ...

Los proveedores (obligados) depositaban una fianza (hasta 300.000 reales) y firmaban contratos donde se comprometían a suministrar carbón vegetal a precio, volumen, plazo de entrega, ... pactados. A cambio recibían beneficios fiscales (en la compra de leña, transporte, ...) y el monopolio de comercialización.

Los obligados tenían intermediarios que negociaban con los Concejos la explotación forestal de montes comunales. Una escritura reflejaba las condiciones del carboneo: perímetro de tala, arrobas previstas, precio por arroba, tipo de corta (la habitual era a «horca y pendón» donde se dejaban dos ramas principales para que retoñaran), ... Hay constancia de estos intermediarios en Cendejas de Enmedio y Bujalaro.

Asimismo contrataban cuadrillas para la corta de leña y hacer las carboneras. Muchas procedían del mismo lugar o de pueblos vecinos, por su conocimiento del monte y por coste.

El Concejo ponía a un oficial (<u>fiel de romana</u>) que vigilaba el peso y la calidad del carbón entregado a los carreteros (a veces los fabriqueros, empapaban en agua el carbón para obtener mayor peso y mejorar ganancias). En general las relaciones fueron cordiales ya que ambos tenían intereses comunes.

El sistema entró en crisis en 1.753 por el crecimiento demográfico, la reactivación de la construcción (Palacio Real, ...), nuevas modas (uso de chimeneas francesas), una ola de frío que duró varios años, ... que provocaron un aumento desmesurado de la demanda. Las autoridades públicas se hicieron cargo de la gestión hasta 1.806.

Durante el siglo XIX la crisis agraria, la inestabilidad politica y los conflictos bélicos, afectaron a la producción y suministro de carbón vegetal.

La aparición del ferrocarril y del carbón mineral, así como la ausencia de sistemas ágiles de transporte (desde las carboneras hasta Madrid se realizaba con carretas tiradas por bueyes o mulas) provocaron que cayese drásticamente.

En décadas posteriores a la guerra (in)civil, el carbón vegetal resurgió por la autarquía energética del país. La concesión de las explotaciones se hicieron mediante contratistas que gestionaban los montes, producían carbón y lo transportaban a las 300 carbonerías que tuvo Madrid en la época.

Conviene recordar que en 1.941 el gobierno franquista promovió la fabricación de aparatos de gasógeno: un dispositivo acoplado al coche generaba monóxido de carbono, a partir de leña ó carbón. Tuvieron escaso éxito, por contaminación y bajo rendimiento

La Sierra Norte disfrutó de este florecimiento, como muestran carboneras dispersas por el territorio (en el Hayedo de Tejera Negra se conserva una en perfecto estado).

Las labores del carboneo empezaban en septiembre y duraban hasta mayo. Lo primero era la elección del sitio adecuado para la carbonera. Se buscaba una hoya de un carboneo anterior o en su defecto, un terreno llano y algo elevado, al que se le daba forma circular. La carbonera llegaba hasta los 80 m2 de superficie.

Luego se levantaba el chozo donde comer y dormir, con chimenea y unos camastros; era redondo y se construía en un día, fabricado con ramas y troncos. Acabado el trabajo se derruía.

El siguiente paso era elegir la leña (roble, encina, fresno, ...)
adecuada para carbonear: ni muy recia, ni muy verde ni muy seca o
vieja para evitar incendios, malas combustiones, ... que repercutían
en la calidad del carbón.

Carboneando.

*Un horno o carbonera se hacía habitualmente
con leña de encina y conseguir el carbón podía costar
una semana que había que dormir en el monte.*

*Otra variedad se hacía con el horno excavado
en el suelo y con leña de brezo, con la que se hacía el
cisco o picón.*

*Las herramientas utilizadas, además del hacha
eran el rastrillo, el rodillo y la pala.*

Autor: José Mª Alonso, con fotografía de D Pedro Blanco en los años 50 en Valverde.

Cortesía Asociación La Serranía

Para construir la carbonera se cortaban troncos de 80-100 cms de largo, que se iban colocando de pie, con una ligera inclinación, entorno a un tronco vertical de 3-6 mts altura situado en el centro (castillo), dejando una boca en el centro. Los palos más finos se ponían pegados al castillo y eran los primeros en quemarse.

Completada la fila se ponía otra encima (hasta 8), con los troncos más gruesos en los pisos de arriba (de dentro a fuera), dejando una boca en el centro cada vez más ancha. La carbonera construida así podía llegar a tener una base redondeada de 4-10 mts de diámetro y de 2,5-5 mts de altura.

Luego se tapaba con hojarasca y ramas finas, antes de echarle tierra para aislarla del exterior, haciendo una escalera hasta la parte superior. A través de la boca se hacía lumbre y cuando cogía fuerza, se tapaba.

Después se hacían agujeros con un palo, para que saliera el humo ("respirara") y controlar la combustión; los carboneros expertos abrían y cerraban agujeros según el color del humo. La carbonización duraba 10-15 dias, mientras la carbonera se mantenía tapada y requería una atención constante para asegurar la buena combustión. Sobre todo si había viento ó lluvia.

Según se iba quemando la leña, la carbonera iba cediendo en el centro y bajaba de volumen quedando en menos de la mitad, convertida en carbón. Se iba sacando poco a poco, por filas, volviéndola a tapar con tierra para que no hiciera llama ni cenizas. hasta la siguiente saca.

Según se sacaba se iba extendiendo hasta dejarlo limpio de cenizas y tizones (leña a medio quemar). Luego el carbón se metiendo en sacos de esparto, que una vez pesados, estaban listos para enviar a Madrid mediante caballerias y carros. En el siglo XX con camiones.

El carbón menudo (cisco, picón) se guardaba en sacos para su uso en braseros y cocinas humildes, ya que su precio era muy inferior y se vendía en pueblos de la Sierra.

Se tardaban 2-3 dias en montar la carbonera, que ardían 20-30 dias (según tamaño, de 200 hasta 800 arrobas; 1 arroba 11 kgs); en aterrarla, se tardaban otros 3-4 dias más.

Por temporada se hacían 3-4 carboneras en el mismo monte, obteniendo hasta 3.000 arrobas. El tamaño (y hasta el rendimiento) dependía de quien gestionaba la carbonera, si era gente del pueblo o por un encargado del contratista.

El desarrollismo, la despoblación y la electricidad terminaron con el carboneo en la Sierra Norte en los años 60. Y con los carboneros, que mantenían los bosques, por su propio interés.

Conocedores de su oficio y de los bosques, controlaban su crecimiento y desarrollo, evitando talas indiscriminadas, podando y limpiando cada árbol según requería. Asi lo preparaban para posteriores carboneos.

Hoy el carbón vegetal es un artículo de lujo para Asadores, Restaurantes, barbacoas, ... obtenido por métodos industriales y con una calidad inferior.

Fuentes:
    www.carboneros.org, www.sendanorte.es,
    https://aunamendi.eusko-ikaskuntza.eus,
    Aula Historia de Uniposible.
    Asociación La Serranía

El oficio de calero

El uso de la cal se remonta a tiempos prehistóricos. En el valle del Jordán (Palestina) se utilizaba en el año 7.500 a.c., un yeso obtenido a partir de caliza triturada, para recubrir fogones, muros y suelos de las casas.

En Egipto las mujeres se teñían la piel con cal; los celtas la usaban para fertilizar el suelo y colorear los frescos. Los chinos la utilizaron en la construcción la Gran Muralla China, para estabilizar el suelo y en el mortero. Las mujeres romanas usaban cal no hidratada para teñirse el pelo de rojo claro.

Desde el siglo XIV, en Europa se utilizó en mortero (argamasa), como recubrimiento y en pinturas al fresco. Durante el Renacimiento, la cal jugó un papel importante en las artes plásticas y en la pintura.

A partir del siglo XVI, durante el Barroco, aparecieron nuevos procesos de la cal que permitieron otras estructuras (columnas, esculturas), y acabados (estuco) con aspecto similar al mármol, pero más moldeable y economico.

En la provincia de Guadalajara está documentada la cal desde la Edad Media (en Recópolis están los restos más antiguos). Se utilizaba en la construcción de iglesias, castillos y palacios; se obtenía de caleras cercanas, hechas ex-profeso para este fin. Alcanzó su auge en el siglo XVIII por el aumento de población y el boom de la construcción con los Borbones.

En el libro de cuentas de la iglesia de San Juan Bautista de Atienza hay apuntes de 1.613 por el pago de cal para retejarla. Asimismo en "La Barenosa", un paraje de Pelegrina, hay restos de antiguas caleras que sirvieron a Sigüenza.

La calera del Pozo Santa Librada ya funcionaba en 1.754 aunque se hundio en 1.787. En la zona seguntina se construyó en 1.894 la fábrica de cal y cerámica "El Acierto", junto a una cantera de caliza.

En la posguerra, la cal fue un componente fundamental del mortero en la construcción, sobre todo en zonas desvastadas por la guerra (in)civil. Dado el escaso desarrollo del transporte, la cal se obtenía localmente, donde hubiese calizas adecuadas para su elaboración.

El oficio de calero, por su dureza, temporalidad y escaso reconocimiento, era desarrollado por campesinos que necesitaban aumentar sus ingresos. En casi todos los pueblos serranos, donde se necesitaba cal y había canteras de caliza, hubo caleras tradicionales.

Abundaron en la Transierra y en el área de Cogolludo (donde la devastación de la guerra obligó a reconsturir pueblos enteros, como Aleas). Hubo lugares con una veintena de caleras (La Mierla), algunas en uso hasta los años 70 (en el camino del Monasterio de Bonaval).

Tradicionalmente se utilizó para blanquear los troncos de los frutales (protección frente a los insectos), en el revoque de fachadas, pintado de paredes (blanqueo, para proteger contra las enfermedades en iglesias y hospitales en el siglo XVIII), sepultura de cadáveres imfecciosos, correción de la acidez de suelos agricolas, impermeabilización de estanques y aljibes, ...

La calidad de la cal variaba según la riqueza de la caliza en carbonato cálcico (en la naturaleza hasta un 98%). En la calera tradicional se producía un proceso químico de descomposición:

Piedra caliza + calor = anhídrido carbónico + cal viva (óxido de cal)

La cal viva obtenida se transportaba y almacenaba con facilidad. Es muy cáustica y en contacto con el agua se convierte rápidamente en hidróxido de calcio Ca(OH)2, liberando un calor intenso. Es el apagado de la cal:

Cal viva + agua = cal apagada + calor

Construir y explotar una calera era un trabajo duro que requería mucha dedicación. Lo primero era hacer el horno en tierra arcillosa (para evitar la dispersion del calor), un hoyo de forma clinidrica aprovechando la pendiente de una ladera, de 3-4 mts de profundidad x 2-3 mts de diámetro.

La parte baja el cilindro se estrechaba, formando un poyete de 70 cms, que servía como base de apoyo de la piedra; su anchura delimitaba el espacio para el combustible.

En un lateral se abría una rampa que llegaba desde la superficie hasta la base del pozo, donde estaba la boca para meter la leña, normalmente brezo, jara, ramas de olivo, quejigo, roble y ... cualquier tipo de arbusto de la zona

El siguiente paso era armar el horno: se iban colocando piedras formando una falsa bóveda, cuya base estaba en el poyete del horno. Luego se iban poniendo unas piedras encima de otras, tal que que se fueran sujetando entre sí, de dentro a fuera.

La colocación de las piedras debía hacerse con cuidado para que la bóveda no se desplomease, el calor llegara por igual a todos los rincones, disipara el humo y la combustión fuera homogénea.

El horno se encendía al amanecer, en primavera y otoño evitando la lluvia y el calor (la calera alcanzaba los 900-1000° en su momento álgido). Se iba alimentando con leña de forma continua y uniforme. Durante las primeras horas se formaba una gran humareda blanca, por disipación de la humedad de las piedras.

A medida que la temperatura aumentaba, las piedras se volvían más blaquecinas y el humo más negro. El interior del horno ya habia llegado a su temperatura ideal para calcinar las piedras (900-1.000°) y solo había que mantenerla.

A partir de aquí el proceso era lento y sencillo. Solo habia que alimentar el fuego e ir sacando las cenizas ... continuamente, durante 3 dias y 2 noches. Un trabajo en el que se turnaban varios operarios (caleros).

Al tercer día de cocción, si el maestro calero la consideraba terminada, la boca del horno se tapaba con tierra dejando una pequeña overtura para que las piedras se fueran recociendo. Durante una semana el horno permanecía cerrado, para que el calor se disipase lentamente.

Una vez enfriado, se destapaba la boca y se empezaba a sacar la cal por la parte superior del horno, hasta quitar todas las piedras. Si pesaban poco y se rompían con facilidad, eran señal de que la cal se había cocido bien. A veces algunas piedras de arriba conservaban su centro duro, por no haberse cocido bien.

Al recoger las piedras se seleccionaban por tamaño, apartando las que no estaban totalmente cocidas y el polvo. El rendimiento en peso era del 60-70 % respecto a las piedras colocadas en el horno. La cal obtenida ser conservaba en recipientes que la mantenían seca hasta el momento de ser utilizada.

La despoblación y la tecnología acabaron con las caleras tradicionales y con el oficio en la Sierra Norte.

En las ciudades, la cal se obtenía (y se obtiene) de fábricas dotadas de grandes hornos industriales (en continuo) con mayor productividad y a menor precio. Sus usos en la sociedad moderna han aumentado; ahora se utiliza también en dentífricos, detergentes, pinturas, ...

Fuentes:
J.M. Muños Jimenez, L-F. Mazadiego, Beatriz Sanz del Olmo,
https://www.lhoist.com/es/la-cal-lo-largo-de-la-historia

Los trabajos en las minas de plata

Tras el descubrimiento de mineral de plata en Hiendelaencina en 1.844, comenzaron las labores mineras en la zona. Hubo minas importantes en La Bodera, Villares de Jadraque, ... aunque el núcleo minero se situó en Hiendelaencina

En los primeros años, la perforación y el arranque de mineral en el interior de las minas se hacía a pico y pala. Para la extraccion desde los pozos, se utilizaban tornos a mano, y más tarde cabestrantes movidos por caballerias.

A partir de 1.857 se instalaron máquinas de vapor; el desagüe del vapor, ya convertido en agua, se realizaba por un socavón hacia el rio Bornova.

Las condiciones de trabajo eran muy duras, con jornadas de 12 horas, a turnos y relevo a las 6 (a.m y p.m.) Los mineros trabajaban a la luz de candiles de aceite, que debian aportar ellos mismos.

En las galerias, a más de 300 metros de profundidad, con mucho polvo y escasa ventilacion, el calor alcanzaba los 47º. Para paliarlo se instalaron sistemas de ventilación, pero sin mucho éxito. Por ello los mineros trabajaban desnudos de cintura para arriba.

Algunos años, el número de obreros superó el millar, aunque variaba según la evolución de los filones y de la explotación. En 1.868 el número de obreros era de 1.040, distribuidos asi: 682 hombres, 281 muchachos y 77 mujeres, que trabajaban en superficie en la escogida de minerales. En 1.881 apenas eran 100.

Muchos mineros procedian de pueblos vecinos, con 1-2 horas de camino a pié, que se sumaban a su jornada laboral. El salario no era el mismo para todos: a destajo los jornales de los hombres eran 2 pts; los chicos (<16 años) 0,93 pts, y las mujeres 0,83 pts.

A estas condiciones se sumaban instalaciones precarias, con accidentes mortales cada año. El más conocido fué en 1.864 en La Perla, donde murieron 12 personas. Entre 1.845 y 1.890 surgieron varias revueltas; las más sonadas en 1.854 y el año siguiente.

Al descontento general en el país, por escándalos financieros y corrupción donde estaban implicados la Casa Real y el Gobierno, se sumaron: epidemia de cólera, subida escandalosa de precios, escasez de pan, ... Los conflictos sociales estallaron en la tierra de la plata.

Dicen que todo empezó en mayo, por una pelea donde murió un joven. A esto le siguieron robos, incendios y asesinatos. Desde Guadalajara se enviaron 40 guardias civiles que restablecieron el orden y detuvieron a 100 personas, de fueron repartidas por las cárceles de Atienza y de la capital. Asi acabó la revuelta de 1.854.

En septiembre. durante las elecciones a Cortes, fueron excluidos del censo 80 personas y a otras tantas se les impidió votar. En este clima de crispación se produjo la revuelta de mayo de 1.855, que fue sofocada a tiros por el ejército en unas horas. Se desconoce el número de muertos y heridos, por la censura en la prensa.

En septiembre del año 1.855, hubo otro intento de huelga de los mineros en defensa de sus derechos. ... pero no tuvo éxito. Por la presencia del ejército y por el cólera, que azotaba la población (> 100 muertos).

Se acusó a los mineros de su propagación y el alcalde de Hiendelaencina estableció un cordón sanitario alrededor del pueblo, para evitar que entraran los mineros cuando regresaban del trabajo.

Se mejoraron instalaciones pero no las condiciones laborales. Jornadas de 12 horas, con ½ hora para el bocadillo y 1 hora para comer en la misma galería, mal ventilada y con altas temperaturas, ya que estaban por debajo de los 400 mts (se bajaba por escalas). En 1.890, los jornales se mantenían en 2 pts.

A finales de siglo había 300 obreros, incluyendo 50 jóvenes y algunas mujeres. Entre 1.903 y 1.915 se realizaron grandes inversiones y se cambio la metodologia de trabajo, tanto para extraer el mineral como para concentrarlo.

Se utilizaron perforadoras de aire comprimido que reducían el tiempo de perforación un 85%. La subida del mineral se realizaba en montacargas y/o grandes cubas movidas por vapor (las escalas ya solo se utilizaban en pocillos interiores).

En 1.908   estaban activas 9 minas, con un total de 540 trabajadores. En el exterior habia 36 chicos (de 10 a 16 años) y 163 obreros. El restos trabajaban en el interior y no habia muchachos.

Los salario se mantuvieron en superficie : 2 pts para los obreros y 0,40 pts los chicos. En el interior se subieron a 3,70 pts para barreneros y entibadores. Los accidentes siguieron, se pagaron indemnizaciones y se construyó hospital en Hiendelaencina (1.912)

Con el estallido de la I Guerra Mundial se cerraron la mayoría de las minas y de los centros de beneficio (talleres y fábricas de transformación del mineral). En 1.921 el número de obreros se redujo a 15.

Asi acabaron los trabajos en las minas de plata y comenzó la decadencia de la zona.

Fuente: Tomás Gismera.

Tradiciones y costumbres singulares

La Sierra Norte, debido a su orografia y a la dispersión geográfica (79 pueblos y 85 pedanias), ha generado costumbres y tradiciones muy apegadas a su pueblo, tan singulares que se manifiestan en pocos sitios ó en ningun otro. Sean estas algunas:

En la matanza del cerdo, habitual en todos los pueblos serranos, en algunos (Atienza, Valverde de los Arroyos, Pálmaces de Jadraque;...) se preparaba la güeña, un chorizo de baja calidad hecho de despojos, una especie de embutido empleado en el cocido y elaborado con las carnes grasas del cerdo.

La matanza, años 60, cortesía Feliz Sanz

En Pálmaces de Jadraque y pueblos limitrofes se preparaban la vejiga llena de manteca y el morcón de morcilla.

Algunos pueblos compraban aceite, en la Transierra y/o la Campiña para conservar chorizos y lomos, que luego se reciclaba para las migas.

Pasear la zorra:

en muchos pueblos serranos, cuando los mozos cazaban una zorra y/o cualquier otra alimaña, la paseaban por el pueblo atada una cuerda (viva ó muerta) con gran escándalo; los vecinos recompensaban al cazador con huevos.

En algunos pueblos negros (La Vereda, El Espinar, Campillejo, ...) era costumbre incrustar en un muro una cruz de cuarcita, de color blanco que contrasta con el negro de la pizarra.

Según algunos autores, como protección ante los malos espiritus; según otros las ponían judios conversos para reafirmar su fé. Con el paso de los años, en algunas construcciones nuevas han derivado en motivos geométricos.

Los zancos de Pálmaces de Jadraque: construídos con palos de olmo y tallos de mimbre, servían para cruzar el río Cañamares y los arroyos del término cuando venían crecidos. No hay constancia de ninguna fiesta y/o actividad ligada a esta costumbre, aunque se conservan fotos de los años 60.

(en Guadalajara durante 200 años hubo una danza de los zancos, ahora recuperada, que Goya reflejó en su pintura).

Santotis: era tradición subir al menos una vez al año a la ermita del pico Santotis (en ruinas desde hace muchos años) para pedir a San Tirso sus favores y protección. Aunque no tenía que ser el dia del santo, 28 enero, muchos elegían esta fecha.

En La Vereda, la mañana de San Juan era costumbre levantarse muy temprano para ir a ver amanecer en las Eras de la Carrasca y el Piazo Chico. Esa mañana se podía ver como "bailaba" el sol, y se "respiraba un aceite" que hacía rejuvenecer.

Además era el momento propicio de recoger la flor de la manzanilla con todas sus propiedades medicinales, costumbre muy extendida por la Sierra Norte.

Los Pedros de Bocígano y Cabida:

fiesta o costumbre, comenzaba por San Antón, el 17 de enero y duraba hasta que todos los mozos y mozas habían pasado por la manta ... o hasta el martes de carnaval.

Grupos de mozos perseguían a las mozas, corriendo por las calles del lugar. Cuando la cogían la manteaban por el aire, sabiendo que en algun momento una pandilla de mozas los perseguirían para luego mantearlos a ellos también. Era el Pedro

La gracia del juego estaba en no ser el primero(a) ó el último(a) a quien mantearan, para de no le cantaran una coplilla jocosa. Así se pasaban varios días de carreras y manteos por el pueblo, hasta que no quedaba mozo y moza sin mantear, ... y terminaba la fiesta

Fuentes:

Francisco Lozano Gamo, Ayto Pálmaces de Jadraque, https://bocigano.blogia.com, As. La Serranía,

Este libro se terminó de hacer en Enero de 2.022

Revisado, maquetado y publicado
cuando la sexta ola del Covid 19
estaba en auge